メタ認知の
促進と育成

概念的理解のメカニズムと支援

深谷達史 著

北大路書房

はじめに

本書は，教育心理学・認知心理学を専門とする筆者がこれまで行ってきた研究から，メタ認知および概念理解に関する５つの研究を改めてまとめなおしたものである。

メタ認知とは「自らの学習状態を把握・調整しながら学習を進める力」を指す。本書を執筆する時期と重なり，文部科学省の中央教育審議会では，次の学習指導要領のあり方についての議論が開始された。平成27年８月21日には，学習指導要領改訂の方向性を示した「教育課程企画特別部会　論点整理（案）」が報告された★。そこでは，各教科に関する個別的な知識・技能だけでなく，教育課程を通じてどのような資質・能力を育成すべきなのかを整理する必要があるとされ，メタ認知もその資質・能力の一つとして挙げられている。学校教育の目的の一つは，社会で主体的に生きていく力を養うことであることから，まさにメタ認知は各教科，ひいては教育課程全体を通して育成すべき力であると考えられる。

上記の論点整理では，どのような資質・能力が育成すべきものかという点に加えて，メタ認知を含めた資質・能力が，どのような経験を通じて育成されるのかについても議論がなされている。例えば，論点整理でも取り上げられた「アクティブ・ラーニング」という概念は，現在の教育界のホットトピックとなっている。しかし，重要なのは教育方法そのものよりも，その方法によりどのような資質・能力が育成されるのかという点であることを踏まえれば，当然見かけの行動よりも，生徒の思考をアクティブに働かせるためにどのような働きかけが求められるかを丹念に吟味する必要があるだろう。

この目的を達成するため，本書は，実験や実践を通じてデータを収集し，働きかけの有効性を分析する実証的なアプローチをとっている。もちろん，教育的な営みのすべてをデータとして計測することはできないが，実証的なアプローチは，取り組みの成果を知るだけでなく，取り組みを見直したり改善したり

★　文部科学省（2015）．教育課程企画特別部会 論点整理（案）
＜http://www.mext.go.jp/b_menu/shingi/chukyo/chukyo3/053/sonota/1361117.htm＞
（2015年９月29日アクセス）

する上で一つの有効な方法となると考えられる。個々の研究を紹介する中では，詳細な手続きや統計的な分析について記述がなされるため，読みやすくはないかもしれないが，実際の教育現場に携わる（あるいは携わろうとしている）方々にもお読みいただけるよう，書物としてまとめるにあたって大幅に書きなおした箇所も少なくない。上述した，学習の質をどのような働きかけにより高められるかという問いについて，現時点での筆者なりの考えを記したつもりである。この試みの成否は読者の判断に委ねられている。ぜひ忌憚なきご意見やご批判をお寄せいただきたい。本書が本邦の教育研究や教育実践の進展の一助となれば，筆者としては望外の喜びである。

目　次

第 I 部
問題と目的

第1章
序　論

1.1　はじめに

メタ認知（metacognition）とは認知心理学において人間の高次的な能力を捉えるために提案された概念である（Brown, 1978; 三宮，1996）。メタ認知に含まれる「認知」という言葉は人間の知的な働きを指す。例えば，本を読む，ゼミでプレゼンテーションする，明日の朝ご飯のメニューを決めるなど，これらすべてが認知に含まれる。一方，「メタ（meta-）」とは「一段上の」といった意味を持つ接頭辞である。したがって，メタ認知とは，自分の知的な働きを一段上から理解したり調整したりすることを意味する。自分自身の思考や学習のマネージメント能力ともいえるだろう。

メタ認知を身に着けることは現代社会に生きる上での重要な課題である。なぜなら，現代は社会制度の仕組みや科学に基づく技術が高度に発展しており，社会で適応的に生活するには，幅広い知識の習得を可能にするメタ認知能力の獲得が求められるためである。平成17年の中央教育審議会答申「我が国の高等教育の将来像」では，知識が社会でますます重要な役割を果たすことが指摘され，21世紀の社会の特質が「知識基盤社会」という言葉で表現されている（文部科学省, 2005）。文化や経済など様々な領域で新しい情報や技術の重要性が増す知識基盤社会においては，知識の効果的な獲得を可能にするメタ認知が重要になることは言を俟たないだろう。ただ，この理由は，変わりゆく社会に適応するために，否が応にもメタ認知を身に着けなければならないといった受動的な印象を与えるかもしれない。しかし，メタ認知を身に着ける意義はこうした受動的な理由に留まらない。より積極的な意義として，メタ認知は，自身の市民生活や職業生活，文化生活を豊かにする，もしくは社会をよりよいものにしていく手だてとなる。つまり，自らの生活を積極的・主体的に営んでいく上でも，メタ認知は重要な役割を果たすと考えられる。

ところで，「メタ認知を身に着ける」という表現からも暗示されるように，人ははじめから高いメタ認知能力を持って生まれるわけではない。メタ認知は，発達の中で徐々に育まれるものである（Brown, 1978; Flavell, 1976）。特に，学校教育がメタ認知の育成において果たす役割は大きいだろう（cf. Bransford, Brown, & Cocking, 2000）。本書では，学校教育への示唆を引き出すことを念頭に置きながら，メタ認知を促し育てるための方策を検討していく。

1.2 本書の焦点

本書では複数の研究によりメタ認知を促進・育成する方法を検討していくが，まず，メタ認知が広く学力の中でどのように位置づけられるかを確認するため，以下では心理学において学力という概念がどのように整理されているのかを概観する。

市川（2004）は，学力を「学んだ力」と「学ぶ力」という２つに分類している（表1.1）。学んだ力とは，これまでの経験によって培われてきた知識や技能を指す。例えば「桓武天皇が平安京へ遷都を行ったのは794年だ」といった何かが「分かる」状態や，「３ケタの足し算ができる」といった何かが「できる」状態が学んだ力に含まれる。なお，心理学では分かる状態に対応する知識を「概念的知識」，できる状態に対応する知識を「手続き的知識」と呼ぶこともある。他方，

表１.１ 学力の枠組み（市川，2004を参考に作成）

種類	内 容
学んだ力	概念的知識（分かる状態） 手続き的知識（できる状態）
学ぶ力	メタ認知 学習意欲

学ぶ力とは，これから知識や技能を習得していく際に発揮される力を意味する。例えば，メタ認知や学習意欲などが学ぶ力にあてはまる。なお，読解力やコミュニケーション力などは，学んだ力と学ぶ力，両方の側面を持つと考えられる。以下，学んだ力の中でも特に概念的知識を，学ぶ力の中でもメタ認知を取り上げ，さらに詳しく説明をしていく。

1.2.1　学んだ力—知識の下位分類—

本書は，学んだ力における概念的知識，すなわちある事象や体系における概念の獲得に焦点を当てる。認知心理学では知識の質を区別する様々な分類枠組みが提案されている（解説として例えば高野，1995）。その中でも本研究は，概念的知識をさらに「記憶」と「理解」に分類する（Kintsch, 1994; 西林，1994も参照）。記憶とは，知識が断片的にしか記憶されていない状態を指す。先ほどの例で考えてみると，「平安京の遷都は794年だった」ということを知っていても，「なぜ平安京に遷都したのか」といった他の情報と関連づけられていない状態であれば，記憶であっても理解でない。知識同士が何らかの関連を持って保持されていないと理解とはいえないのである。

理解には2つの特質がある。まず，単に記憶した事柄よりも，理解できた事柄の方がより長い時間覚えていられる。「太った男が錠を買った」「眠い男が水差しを持っていた」「歯抜け男がコードを挿した」など，男の特徴と行為が記された文を数多く覚えるとしよう（Bransford & Stein, 1984）。似たような文が数多く提示されると，どんな男が何をしたのかが混同されてしまって多くは覚えられない。このとき，元の文の代わりに「太った男が冷蔵庫のドアにかける錠を買った」「眠い男がコーヒーメーカーに入れるため水差しを持っていた」「歯抜け男がミキサーを使うためコードを挿した」などの文を提示するとより覚えやすくなる（下線は筆者による）。これは，下線の箇所が男の特徴と行為をつなげる情報となっているためで，人は「なぜその男がそうした行動をとったのか」という因果関係が分かると，より長期にわたってその情報を覚えていられるのである（Stein, Morris, & Bransford, 1978）。

2つ目に，「なぜ」が分かると応用も効く。例えば，Wertheimer（1945）が観察した授業では，図1.1の（a）のような典型的な平行四辺形を用いて，平行四辺形の面積を求める公式（底辺×高さ）が教えられた。その後，練習問題が数多く与えられたが，似たような問題だったので児童たちはよく答えることができていた。ところが，Wertheimerが図1.1の（b）や（c）の問題を提示すると，多くの児童は「こんなのはまだ習っていない」といってあきらめる，もしくは公式を思い出すだけでうまく適用できない様子を示した。問題を解けなかった児童はおそらく，公式を記憶するだけで機械的に問題に当てはめるような学習を行っていたのだと推察される。ところが，別の児童は図形を変形させることで面積を求めようとした。彼らは，「なぜ平行四辺形の面積の公式が成り立つのか」といったことを含めて学習していたために，図1.1の（b）や（c）の問題にもうまく対処できたのであろう。この事例から，知識の関連が分かると，問題に柔軟に対応できることが示唆される。

因果関係という関係性以外にも，定義と具体例（抽象－具体）という観点から知識を関連づける方法もある（市川，2000）。例えば，読者は「三角形とはどのような形か」と聞かれた場合，どう返答するだろうか。多くの人が「三角形とは△のような形だよ」と，実際に図形を示してみせるだろう。ところが，具体例だけで正確な概念が獲得されるとは限らない。実際，麻柄・伏見（1982）は，幼児と小学1年生を対象にした調査から，図1.2のような不等辺三角形を示したところ，定義の説明を行った後でさえ，「三角形でない」と判断される比率が正三角形に比べて高かったことを報告している。とはいえ，「3本の直線で囲まれた形」という抽象的な定義を知るだけでも，具体的なイメージはわきづらい。麻柄らの調査が示唆する通り，概念を正確に理解するためには，抽象的な定義を知るとともに，定義に合致する正事例や合致しない負事例などの具体例と関連させる必要があるといえる。

以上をまとめたのが表1.2である。学んだ力の一つである知識について，

図1.1 平行四辺形の問題（Wertheimer, 1945から作成）

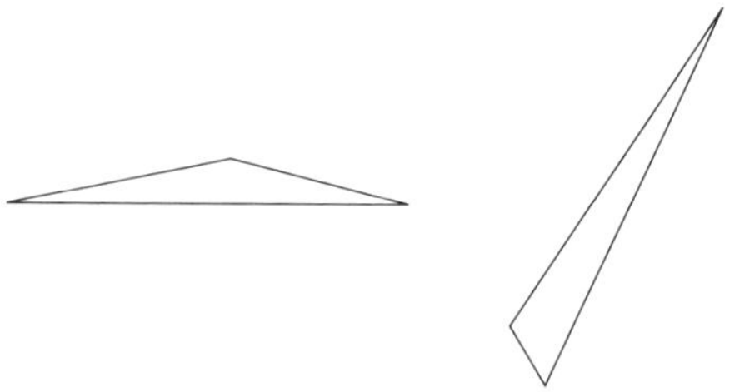

図１.２　麻柄・伏見（1982）の調査で用いられた不等辺三角形の一部

表１.２　知識の枠組み

種類	定義	具体例
記憶	断片的な知識	・公式のみが記憶されている ・定義（具体例）のみが記憶されている
理解	関連づけられた知識	・公式と公式の成り立つ理由が関連づけられている ・定義と具体例が関連づけられている

本書は断片的な知識である記憶の状態と，知識が関連づけられた理解の状態とを区別した。情報を記憶するのではなく理解しておくと，その情報は長期的に保持され，応用も効く。また，理解そのものの特質というより理解に付随する現象であるが，意味を考えずに丸暗記で覚えるよりも，「どのような意味があるか」を関連させて学習した方が興味などの動機づけも向上することが示されている（岡田, 2007）。

1.2.2　学ぶ力―メタ認知の下位分類―

前節では，学んだ力として理解の重要性を指摘した。それでは，情報を単に記憶することを超え，理解するにはどのような学習が求められるのであろうか。その鍵になるのがメタ認知である。以下では，メタ認知の働きについて詳しく述べていきたい。

メタ認知は大きくメタ認知的知識とメタ認知的活動に分けられる（図１.３）。メタ認知的知識とはメタ認知の基盤となる知識で，人間の知的な働きそのものに関する知識を指す（詳細はFlavell, 1979; 三宮，1996を参照）。その１つが学習方略についての知識である。学習方略は「学習の効果を高めることを目指し

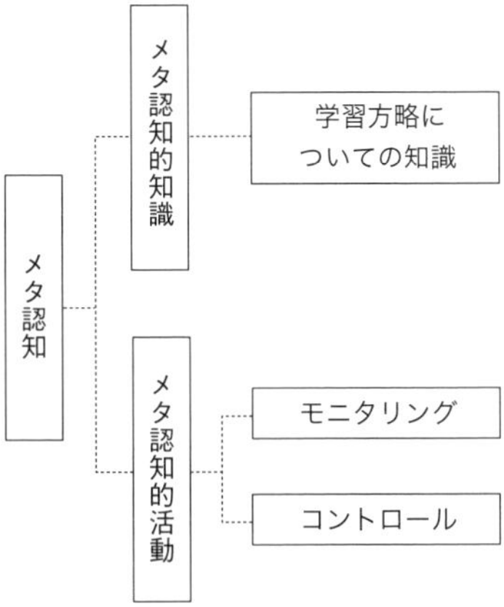

図 1.3 メタ認知の分類（三宮, 1996を参考に作成）

表 1.3 学習方略の枠組み（植阪, 2010を参考に作成）

種類	定義
認知的方略	情報を処理する方略
メタ認知的方略	情報の処理の仕方や結果を評価し調整する方略
外的リソース方略	外的資源を活用する方略

て意図的に行う心的操作あるいは活動」と定義される（辰野, 1997)。言い換えると学習方略は学習の仕方を指しており，学習を有効に進められる人は「どのように学習すればよいか」という学習方略についての知識を多く有していることが明らかにされている（レビューとしてAlexander, Graham, & Harris, 1998; Weinstein & Mayer, 1986)。

学習方略は更にいくつかの下位カテゴリーに分類される。いくつかの分類枠組みが提案されているが（Weinstein & Mayer, 1986)，本書では植阪（2010）にしたがって「認知的方略」「メタ認知的方略」「外的リソース方略」の３つを紹介する（表1.3）。認知的方略は，「情報をいかに処理するか」についての方略である。自覚的に学習を進めている人であれば，意味を考えずに繰り返し読んだり書いたりするだけの処理（リハーサルや浅い処理とも呼ばれる）よりも，情報の意味を付加的に考える深い処理の方が記憶に効果的であることを経験的に知っているだろう。深い処理には，「精緻化」と「体制化」という２種類の処理が含まれる（Weinstein & Mayer, 1986)。精緻化とは，新しく学んだ平行四辺形の面積の求め方を，既知である長方形の面積の求め方に置き換えるなど，新たな情報を自らの既有知識と関連づけることを指す。体制化は，鉱物のリストを学習する際，「貴金属」「合金」「石材」などのカテゴリーに分類するなど情報を整理することを指す（cf. Bower, Clark, Lesgold, & Winzenz, 1969）。

認知的方略が「情報をどう処理するか」に関する方略である一方，もう１つのカテゴリーであるメタ認知的方略は，情報の処理の仕方そのものや自身の理解状態を評価したり調整したりする方略である。例えば，「自分が理解できたかをチェックするにはどうしたらよいか」「学習内容が理解できないときにはどうすべきか」といったことが，メタ認知的方略に関する知識ということになる。最後に，外的リソース方略とは，既有知識といった内的な資源のみならず，環境に存在する外的な資源を活用して学習を進める方略を指す。例えば，頭だけでなく図表をかいて考える，もしくは教科書を参照したり他者に質問したりするといった方略が外的リソース方略に分類される。

図１.３のメタ認知的活動とは，こうしたメタ認知的知識（学習方略に関する知識）を実際の学習の中で用いることに他ならない。Nelson & Narens（1990）によると，メタ認知的活動は情報を処理・操作する対象レベルと，対象レベルの働きを一段上から把握・調整するメタレベルによって捉えることができるという。図１.４のように，対象レベルでは，精緻化や体制化などの方略を用いながら情報の関連づけが行われる。一方，メタレベルでは，対象レベルの処理が適切になされているかを評価し，行動や認知を調整する。特に，対象レベル

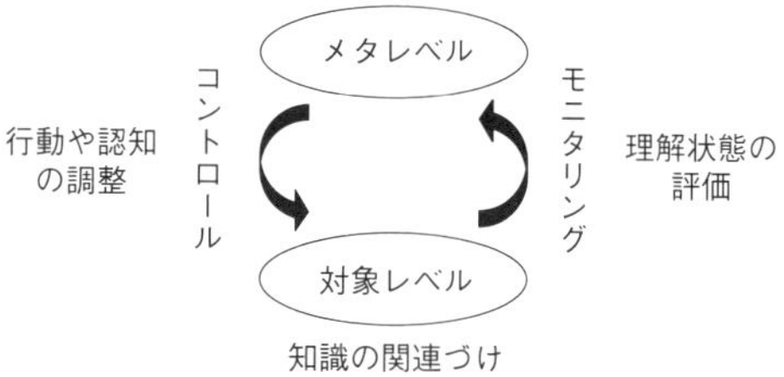

図１.４　メタ認知的活動のモデル

からメタレベルへと情報が流れるのがモニタリングである。モニタリングとは自分の認知状態を評価することで，例えば文章を読みながら「この箇所がよく分からない」と考えることを指す。コントロールは，モニタリングの結果をうけ，行動や認知を調節する働きである。文章を読んでいて「よく分からない」とモニターした結果，「もう一度読み直そう」あるいは「他の人に聞こう」と行動を調整したり，「読み方を変えよう」と対象レベルの方略を変更したりするのがコントロールにあたる。

なお，メタ認知的活動は効果的に学習を進める上で重要であるが，注意すべき点が2つある。1つは，メタ認知的活動を通じて行動や認知を調整するだけでは理解は保障されないということである。もう一度読んでみても，結局よく分からなかったというのでは高い学習効果は望めない。すなわち，メタ認知を通じて自分の分からなかったところをつきとめた後，対象レベルで知識の関連づけを図る必要がある。例えば，ある人が，人体の循環系の働きを解説した文章を読んでいる際，「弁は心臓の動きに合わせて開閉している」という文について「なぜ弁は開閉するのか？」と疑問を持ったとする（モニタリング）。彼はその疑問に対して「もう一度この文を読んでみよう」と再読することを決める（コントロール）。ただし，再読が理解の達成を保障するわけではない。理解を達成するためには，さらに，弁が心房と心室の境界にあることを思い出し，この情報を用いて「弁は心室からの血液の逆流を防いでいるのかもしれない」と情報を関連づけることが必要なのである。

注意すべき点の2つ目として，同じメタ認知的活動でも課題を実際に遂行している間と，課題に着手する前後ではメタ認知的活動の様相が異なる点を指摘できる。目の前に課題があり，まさに課題に取り組んでいる際に働くメタ認知をオンライン・メタ認知（online metacognition），課題に取り組む前もしくは取りくんだ後に働くメタ認知をオフライン・メタ認知（offline metacognition）と呼ぶ（Veenman, Van Hout-Wolters, & Afflerbach, 2006）。概念理解におけるオンラインとオフラインそれぞれのメタ認知の働きをまとめたのが図1.5である。

文章を読む場面を例として各段階の働きを考えてみると，事前段階では文章のトピックや見出しをサッと見て，どの程度理解できそうかを判断し（モニタ

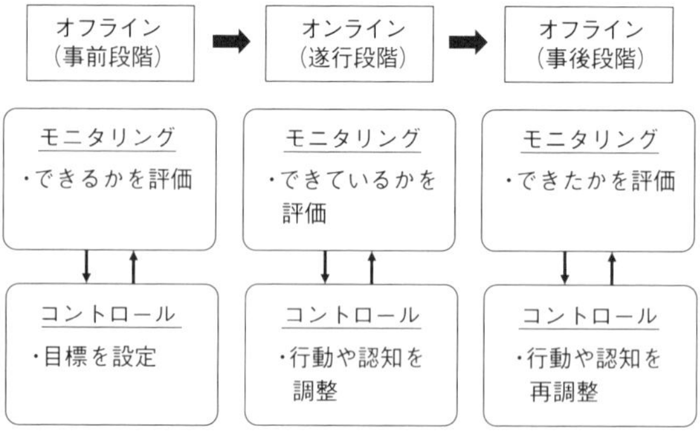

図1.5　オンラインおよびオフライン・メタ認知の働き（三宮，2008を参考に作成）

リング），さらにそれを踏まえた上で目標が設定される（コントロール）。例えば，もし文章が学校のテスト範囲の教科書ならば「前回のテストよりも高い点数がとれるようしっかりと理解しよう」といった目標が設定される。次に，遂行段階では，実際に文章を学習する。その間，「この単語の意味は何か？」「○○と書いてあるが，それはなぜか？」というように，自分が理解できないことが疑問として生成される（モニタリング）。疑問が浮かべば「もう一度読み直そう」「前のページに関連したことが出ていたから読んでみよう」と疑問を解消するため行動や認知が調整される（コントロール）。ただし，目標が低ければ疑問が浮かんでも「よく分からないけど，そのまま読み進めよう」と解消が図られない場合もある。事後段階では，教科書を一通り読み終わった後，あらためて自身の理解状態が評価される（モニタリング）。目標に照らしてよく理解できたと評価されれば，学習を終了する。もし理解が十分でないと評価されれば，再学習や学習方法の変更が試みられる。

1.2.3　学んだ力と学ぶ力のまとめ

本節では学んだ力として理解，学ぶ力としてメタ認知的知識とメタ認知的活動を取りあげ，その内容と重要性を概説してきた。これらの関係を改めて整理したのが図1.6である。実際に学習を進める場面では，メタ認知的知識（学習方略に関する知識）が活用されることでメタ認知的活動が行われる。つまり，

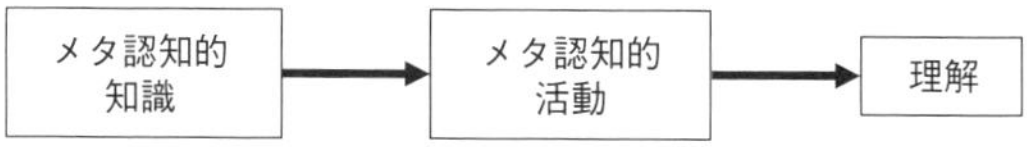

図1.6　メタ認知的知識，メタ認知的活動，理解の関係

自分の理解状態を確認し，もし理解が不十分であれば自身の学習行動をコントロールし，情報の関連づけが試みられる。これらのメタ認知的活動の結果，学んだ力である理解が達成されることになる。

学校教育は，まさにこのようなメタ認知と理解の両者を育てることを目標にしているといえる。では，その目標はどの程度達成されているのだろうか。次の節では，児童生徒における学んだ力と学ぶ力の実態を探っていく。

1.3　学んだ力・学ぶ力に関する学習者の実態

学習者は学校で習った内容をどの程度理解できているのだろうか。また，自ら学習を進めていく力はどの程度育っているのだろうか。それぞれの学力の実態について，特に本邦の学習者を対象にした調査や実験の知見を概説する。なお，本書は幅広い教育課程に在籍する学習者を研究の対象としていることから，本節でも初等教育から高等教育まで多様な先行研究の知見を紹介する。以下ではまず，学んだ力の実態を示した後，学ぶ力として学習方略に関する知識，関連づけ，オンライン・メタ認知，オフライン・メタ認知のそれぞれに焦点を当てていく。

1.3.1　学んだ力の実態

日本の児童生徒の学んだ力の特徴として，定型的な問題を解決する技能は有している一方で，その手続きの背景にある意味は十分理解されていないことが指摘されている（例えば藤村，2012）。そうした実態を示すデータとして，ここでは，2007年度から小学校６年生と中学校３年生を対象に実施されている全国学力・学習状況調査の結果を紹介しよう。この調査では，学習や生活の基礎となる知識・技能を測るA問題と，課題解決や日常場面に知識・技能を活用できるかを調べるB問題から構成されている。例えば，よく知られたものだが，2007年度の小学校算数における調査から問題を取り上げて結果を見てみよう（国立教育政策研究所，2007b）。A問題では底辺4cm，高さ6cmの平行四辺形の面積を求める式と答えを書く問題が出題されており，この問題の正答率は96.0%と極めて高い値であった。一方で，B問題では図1.7のような問題が出題された。この設問は，課題が日常的な内容になっていることに加え，平行四辺形の面積を求める際，高さだけでなく斜辺の数値も与えられている点が特徴的である。この設問の正答率は18.2%であり，定型的な演算知識を問うた問題よりも非常に正答率が低かった。単に数値を公式に当てはめるだけのA問題と異なり，この問題に正しく答えるためには特に「底辺に対して垂直な直線が高さである」という概念的知識を活用する必要がある。設問間で正答率に大き

ひろしさんの家の近くに東公園があります。
東公園の面積と中央公園の面積では，どちらのほうが広いですか。
答えを書きましょう。また，そのわけを，言葉や式などを使って書きましょう。

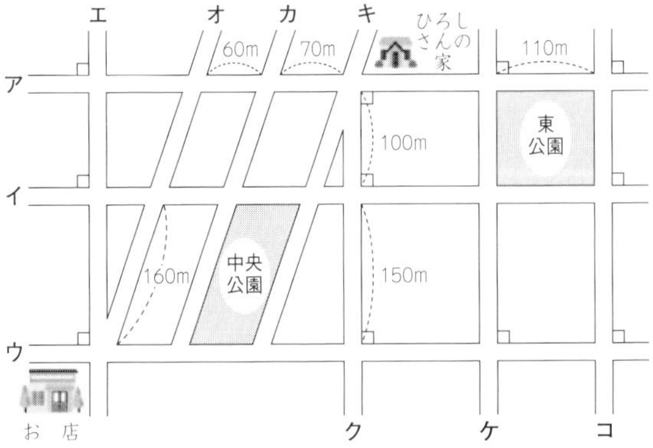

○　道路 ア，イ，ウは，それぞれ道路 ケ に垂直です。
○　道路 ア，イ，ウは，それぞれ道路 コ に垂直です。

図1.7　平行四辺形の面積に関するB問題（国立教育政策研究所，2007b）

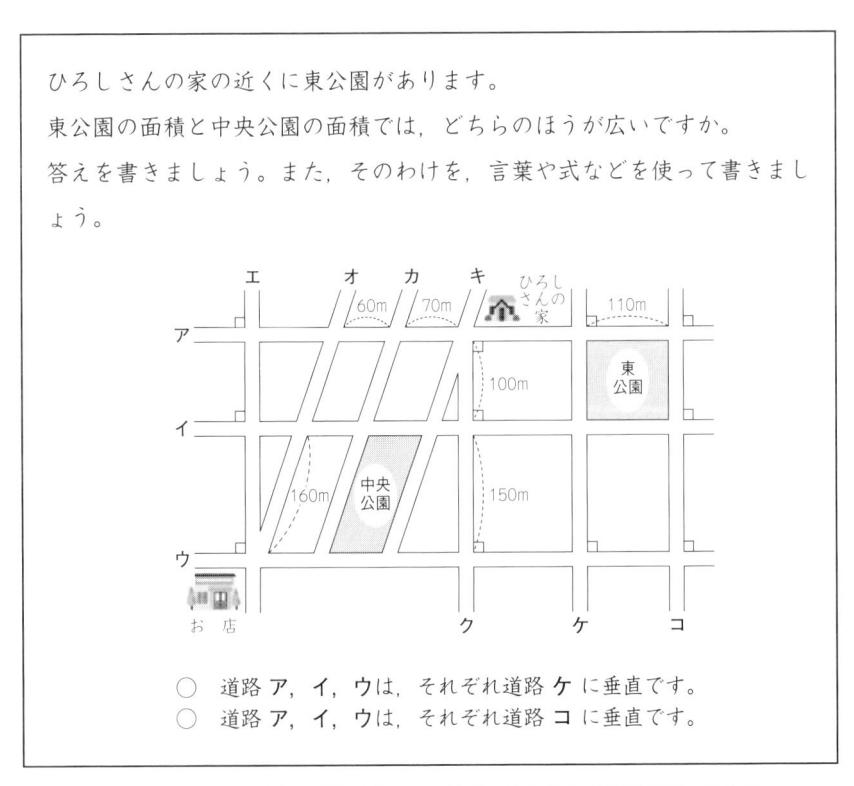

な違いが見られることから，児童において手続きと概念が十分関連づけられていない実態が示唆される。

このような全国学力・学習状況調査の結果から，日本の学習者の特徴として「基礎･基本は十分だが，活用力に課題がある」とまとめられることがある（例として国立教育政策研究所，2007a）。しかし，「基礎・基本は十分」といったときに，必ずしも「基礎的な内容について理解がなされている」と解釈すべきではないだろう。というのも，A問題は教科書やドリルなどで繰り返し練習するような定型的で単純な問題が多く，A問題の正答率が高いからといって基礎的な内容の意味が理解されている，つまり関連づけられた知識を有しているといえるわけではないからだ。こうした実態を明らかにした知見として，算数・数学の学力を診断するテストであるCOMPASS（Componential Assessment，構成要素型テスト）の研究がある（市川他，2009）。

COMPASSは，算数・数学の学んだ力を調べるパートと，質問紙により学習動機や学習方略など学ぶ力を調べるパートに分かれており，前者のパートは認知心理学における問題解決のプロセスに基づき開発されている。全国学力・学習状況調査を含む従来のテストは，数と式，量と測定，図形といった領域によって内容を区分することが多かった。他方，認知心理学では，領域によらず，算数・数学の問題を解く一般的な認知プロセスが想定されている。例えば，Mayer（1992）によると，文章題を解く過程は，①問題を文単位で逐語的に理解し，②問題文全体の状況を理解するという理解過程と，③解法を探索したり演算を選択することで立式をし，④計算を実行するという解決過程からなる。COMPASSは，これらのプロセスの中で必要となる能力（コンポーネント）を概念化し，各コンポーネントに対応した課題を用いる点に特徴がある（図1.8）。従来のテストが領域ごとに算数・数学の知識を測定していたのに対し，COMPASSのコンポーネントはどの領域でも必要となるものだと想定されており，いわば領域横断的なテストだといえる（各コンポーネントの詳細は市川他，2009を参照）。

このCOMPASSを実施した結果からは，基本的な内容であっても十分な理解が達成されていない実態が示されている（植阪・鈴木・清河・瀬尾・市川，2014）。例えば，数学的な問題を解く際には，まず文を逐語的に理解する必要

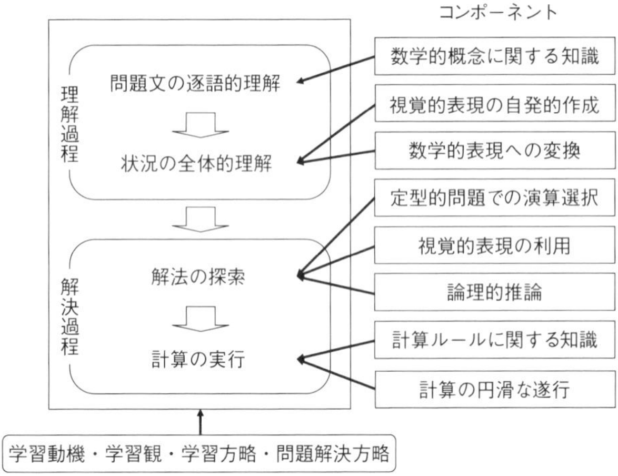

図１.８　COMPASSの構造（市川他，2009）

がある（図１.８の「問題文の逐語的理解」）。この過程では，「逆数」「関数」「円周」といった数学的概念に関する知識が必要となる。COMPASSでは数学的概念に関する知識を調べる課題として，概念判断課題と概念説明課題が設けられている。概念判断課題では，「正三角形では３つの角の大きさが等しくなっています」といった命題を示し，この命題が正しいかどうかを判断するよう求める。一方，概念説明課題は中学生用の課題であり，例えば「『反比例』とはどういう意味か，xとyを使った文で説明しなさい」，「空欄に適切な言葉を入れて，『反比例』の具体例を作りなさい」などの設問により，概念の定義と具体例が理解できているかを調べている。植阪他（2014）によると，特に概念説明課題の得点は極めて低く，６点満点中平均点は1.7点であり，０点の中学生が20％を超えることが明らかにされている。この結果から，教科書において太字などで強調される重要な概念であっても，学習者はその定義や具体例を十分に理解できていないことが分かる。

1.3.2　学ぶ力の実態

学ぶ力が学んだ力を規定するという関係を踏まえると，十分な理解が達成されていないという実態は，理解を達成するための学習がなされていない，つまり学ぶ力の育成にも課題がある可能性を示唆する。そこで，以下では学ぶ力としてメタ認知的知識やメタ認知的活動に関する実態を概観していく。

(1) 学習方略

経済協力開発機構（Organisation for Economic Co-operation and Development; OECD）が実施する国際学力調査PISA（Programme for International Student Assessment）では，中学3年生を対象に，読解力などの知識・技能を問うテストに加えて，日常的な勉強の方法に関する質問紙調査があわせて行われている。調査では，記憶方略，精緻化方略，制御方略という3つの学習方略の使用が調べられており，参加者は，当該の質問行動をどのくらいするかについて「ほとんどしない」から「ほとんどいつもする」まで4つの選択肢から回答する（「いつもする」ほど高い値になるよう数値が割り当てられる）。記憶方略とは，詳細まで覚えるため繰り返し学習する方法を表す。例として「勉強するときには，教科書に書かれていることすべてを暗記するようにする」といった項目により測定がなされる。精緻化方略は，学んだ情報を自分の既有知識と関連づける方略で，「新しい情報をほかの教科で得た知識と関連付けようとする」などの項目が含まれる。この方略は本書でいう認知的方略にあたる。制御方略は，例えば「勉強するときには，勉強すべきことを正確に理解してから始める」のように，学習前・学習中・学習後にどの程度自分の理解状態を把握・調節するかが質問される。これはまさに本書でいうメタ認知的方略である。

PISA調査の結果から，日本の生徒は学習方略の使用頻度が他の国と比べて低いことが示されている。例えば，PISA2009では，記憶方略，精緻化方略，制御方略のいずれも日本の順位は65カ国中65位となっている（国立教育政策研究所，2009）。ただし，国際学力調査の結果の解釈にはいくつか注意すべきこともある。例えば村山（2005）は，「どの程度当該の行動をとっているか」という主観的頻度の回答では，「誰と比べてよく使うか」という比較基準がそもそも集団によって異なるため，国家間の比較が難しいという問題を指摘している。さらに，村山（2005）は，日本人は回答を控えめにつける傾向が強い可能性を挙げている。確かに，知識を問うテストでは他国に比べて高いパフォーマンスを示しているにもかかわらず，日本の生徒の質問紙調査の得点が低いのは，別の要因が働いていると考えるべきであろう。なお，そもそも方略と成績の間には関連がないのではという疑問もあるだろうが，制御方略がテスト成績に正の影響を与えるという結果が確認されている(国立教育政策研究所，2009)。

(2) 関連づけ

国家間比較が難しいという調査法の問題を踏まえると，どのように学習を進めているのかという実態を調べる上では，実際の学習行動を直接的に調べる方法を用いるのが有用である。そうした方法の一例として認知カウンセリングによるアプローチが挙げられる。認知カウンセリングとは，学習に関する認知的問題（例えば「数学がよく分からない」など）を抱える人に対して個別的な面接を通じて診断と支援を行う実践的研究活動である（市川，1989)。認知カウンセリングにおいて診断と支援の主な観点の１つとされるのが学習方法であり，問題を解く様子や面接でのやりとりを通じてその学習者がどんな学習法を用いているのかに焦点が当てられる（市川，1998)。認知カウンセリングは，大規模調査と比べて対象となる学習者は必ずしも多くないものの，一人から得られる情報は豊富であり，学習方法に関する実態についても有益な示唆を与える。

一例として，市川（2000）は，たとえ学校の成績がよい生徒であっても，「何かを学んだり説明したりする際に，定義と具体例の両方をおさえる」という学習方法が身についていない実態を認知カウンセリングの複数の事例から指摘している。その１人が，数学や理科のテストが悪かったために来談したＤ子という中学生であった。Ｄ子の悩みは「普段の学習はしっかりやっているがあまり分かった気がしない」というものだったという。Ｄ子の問題は，「『分かった』といえるためには何が分かればよいのか」という理解の基準が極めて曖昧であることとも言い換えられるだろう。市川（2000）では，「関数」「力の分解」といった題材を通して，定義と具体例を自分でもいえることが理解の基準となることをＤ子に指導する様子が報告されている。

また，主観的な解答を求める質問紙調査ではなく，具体的な課題を用いて学習方略を測定し，その結果を他国の結果と比較するという研究アプローチも日本の学習者の実態を知る上で示唆的である。例えば，Uesaka, Manalo, & Ichikawa（2007）は，数学的問題解決の際に自ら図を利用するという学習方略に着目した。図をかくことで概念理解や数学的問題解決が促進されることは多くの研究によって明らかにされているものの（レビューとしてAinsworth,

Prain, & Tytler, 2011; Hembree, 1992; Van Meter & Garner, 2005),「他者に求められずとも自ら図を利用するか」という図の自発的利用については十分検討がなされてこなかったという問題意識のもと，Uesaka et al.（2007）は，自発的な図の利用について日本とニュージーランドの生徒を対象に国際比較調査を行った。ニュージーランドが対象となったのは，両者がPISA調査のランキングでは似た結果であるのに対して，カリキュラムに異なる特徴が見られたためであった。ニュージーランドでは問題解決およびコミュニケーション場面で図を活用する機会を設けることが国のカリキュラムに明示的に記されており，日々の指導や生徒の行動にも違いが存在すると予測された。

調査では，まず日本とニュージーランドの中学生に代数の文章題が与えられ，そこで自ら図をかいた生徒の比率を比較した。例えば，以下のような問題が用いられた（邦訳は植阪，2014）。

チーズのかたまりがあり，このチーズのかたまりをネズミが少しずつ食べていきます。このとき，食べ始めてから5分後には10g，7分後には6gになりました。このチーズは食べ始めてから何分後になくなるでしょうか。ただし，ネズミがチーズを食べる速さは一定とします。

この問題を解くには，時間とチーズの関係を表すグラフを書いたり，変化の割合を算出しやすいよう表に情報をまとめることが有効である（例として図1.9）。しかし，分析の結果，日本の生徒は図をかいた割合，問題に正解した割合ともにニュージーランドの生徒に比べて低かった。

Uesaka et al.（2007）はさらに質問紙調査も実施しており，生徒は図を使用

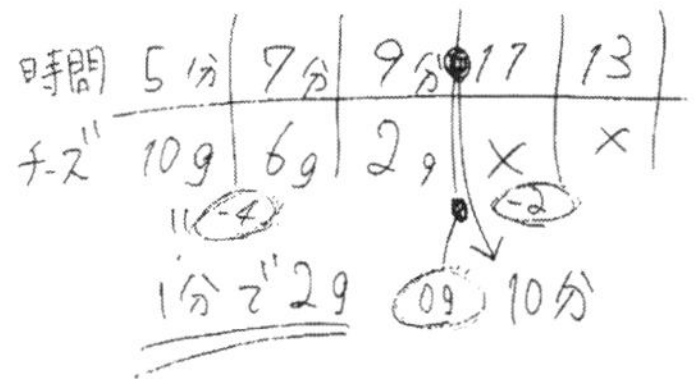

図1.9　生徒がかいた図表の例（Uesaka et al., 2007）

する意識や教師からの指導に関する質問に回答するよう求められた。分析の結果,「あなたはいつも数学の文章題を解くときに図を使っていますか？」や「あなたは先生から数学の文章題を解くときには図を使うように言われますか？」という項目はニュージーランドの生徒の方が高かった一方,「黒板の図表を写す」,「教師の作成した図表に注目する」という項目は日本の生徒の方が高い値をつけた。この結果から，Uesakaらは日本の生徒が図を「教師の説明のための道具」として捉えており,「自分自身の問題解決の道具」とは認識していない可能性を指摘している。算数や数学の授業では，教師が図を用いて解説する場面は多く存在するが，学習者者に図を活用するよう明示的に指導する場面は多くない。この結果から，教師が方略を用いて解説する場面を見せるだけでは，生徒が学習方略を自発的に使用するようになるわけではないことが示唆される。

(3) オンライン・メタ認知

次に，メタ認知的活動に関する行動を調べた調査を紹介する。ただし，メタ認知的活動について調べた研究は，心理実験による研究が主であるため参加者数が限られており，また，必ずしも日本の学習者ばかりが対象となっているわけではない。しかし，いずれの研究も特定の国の課題を明らかにするというより，様々な国の学習者に共通すると想定される認知メカニズムを明らかにすることを目的に実施されたものである。そのため，以下で紹介する知見は，日本の学習者の実態を推察する上でも参考になると思われる。

前述したように，メタ認知的活動は課題遂行中に働くオンラインと課題遂行前後に働くオフラインとに区分されている。オンライン・メタ認知の働きを調べる方法として，学習中に声に出しながら考えてもらう発話思考法（think-aloud method）がある（他の方法については深谷，2012を参照)。もともと発話思考法は，パズルのような課題に適用されてきたが，その後，文章題を解いたり文章を読んだりする過程を検討するためにも用いられるようになった（レビューとしてEricsson & Simon, 1993; Pressley & Afflerbach, 1995)。ただし，発話思考法は，メタレベルのみならず対象レベルでの意識的な働きを包括的に捉えるものであるため，発話の内容に応じてどちらのレベルを表す発話なのかが分類される（深谷，2012)。発話思考法を用いた研究では，発話思考を用いて学習を求めた後，文章内容についてのテストを実施することで，どのような発話がテスト成績を予測するかが検討されてきた（レビューとしてRoy & Chi, 2005）。

例えば，Chi, Lewis, Reimann, & Glaser（1989）は大学生に力学の解法つき例題を学習するよう求めた。解法つき例題とは，算数・数学の教科書でよく見るような，問題に加えて解法と解答が示された例題である（図1.10も参照のこと）。ただ，一連の解法を見ても，なぜ当該の法則や原理を使うのかは明記されていない。そのため，学習者自身がそれらの情報を関連づけながら例題を学習する必要がある。Chiらは解法つき例題をどのように学習した学生が高い成績をおさめたのかを調べるため，テスト成績が高かった学生と低かった学生を分け，学習中の発話における差異を分析した。その結果，両者には2つの差異が見出された。第1に，テスト成績が高かった群は自身の理解状態を評価する発話（理解の成功を表す発話，理解の失敗・困難を表す発話）をより多く発していた。特に，高群では，理解の失敗や困難を表す発話がより高い割合を占めていた。第2に，高群の学生は例題の解法を意味づける発話を多く生成した。例えば，手続きを適用する条件を精緻化したり，例題とニュートンの法則との関連づけを多く行った。つまり，高い成績をおさめたグループは，理解が難しい箇所を明確にしたり疑問として表しながら（オンライン・モニタリング），既有知識や文章中の他の情報を用いて疑問への解答に相当するような関連づけを行っていたのである。

しかし，すべての学習者がオンライン・メタ認知を活発に働かせるわけではない。こうした学習者の個人差の程度を調査したのがRenkl（1997）の実験である。Renklの実験では，大学生を対象に，コンピュータ上の学習環境で確率の解法付き例題を声に出しながら考えることが求められた（図1.10）。図1.10を見れば，解法が示されていても，立式や演算の理由は必ずしも明示的でないことが分かるだろう（例えば，「形の失敗の確率」と「色の失敗の確率」の和から「両方失敗する確率」を減算する理由は例題中に明記されていない）。したがって，これらの理由は学習者自身がメタ認知を働かせて理解する必要がある。Renkl（1997）はクラスター分析を用いて，学習中にどのような発話を示したかをもとに参加者をいくつかのグループに分類した。

分析の結果，例題の解法と確率の原理を関連づける発話を多く示したグルー電池を生産するとき，形の失敗と色の失敗という２種類の失敗が独立に起こる。形の失敗は10%，色の失敗は20%の確率で起こる。生産された電池から1つの電池をランダムに取り出すとき，その電池が失敗でない電池である確率はいくつか？

形の失敗の確率：	10/100 = 1/10
色の失敗の確率：	20/100 = 1/5
両方失敗する確率：	1/10 × 1/5 = 1/50
失敗した電池である確率：	1/10 + 1/5 − 1/50 = 7/25
失敗でない電池である確率：	1 − 7/25 = 18/25
答え：	失敗でない電池を引く確率は 18/25

図１.10　確率の解法つき例題の例（Renkl, 1997を一部改変）

プ（クラスター２）も見出されたが，クラスター２に分類された参加者は22%のみであった（実数で８名）。比率が最も高かったクラスター３（53%，19名）ではむしろ理解の失敗を表す発話のみが多く，関連づけを表す発話はほとんど見られなかった。クラスター４（14%）は関連づけもテスト成績も中程度であったが，学習するペースが早く，理解できていないことを表す発話も最も少なかったことから，表面的に解法を処理することに留まったグループであると考えられた。クラスター１は学習前から既有知識を多く保持しており，その知識を活用して学習したグループだった（11%）。このように，Renkl（1997）の実験は，メタ認知を適切に働かせ，理解を達成した学習者はむしろ少数で，多くの学習者は自分が分からない箇所を明確にしたり演算の理由を関連づけたりすることに失敗したことが示された。

なお，Renkl（1997）で確認されたクラスター３では，理解の失敗を表す発話（オンライン・モニタリング）が多かったにもかかわらず，関連づけを表す発話はほとんど見られなかった。これは，一見するとChi et al.（1989）の結果と矛盾するが，Renklの実験で理解の失敗とされていた発話は「まったく分からない」などの表面的な反応であった。つまり，Chiらの研究とは異なり，何が分からないのかを明確にするような発話ではなかった。そのため，クラスター3の参加者は関連づけに至らなかったのだと推察される。また，積極的に関連づけを行っていたクラスター2では，オンライン・モニタリングにあたる発話が多くなかった。しかし，メタ認知の理論からも示唆されるように，情報を関連づける過程にどの程度理解の失敗が伴うかは題材の難易度に影響される。Chi, Feltovich & Glaser（1981）が示すように，Chi et al.（1989）が題材として用いた力学概念は大学生においても表面的にしか理解されていないことが知られている。よって，その理解の過程では自身の理解の不備を認識することが求められる。それと比較して，Renkl（1997）が用いた確率概念の学習は難易度が高くなかったため，オンライン・モニタリングの働きが顕在化しにくかったのだと解釈できる。

ところで，Renkl（1997）の実験はドイツの大学生を対象としたものであったが，日本の大学生においても，文章に記される論理をつかむための疑問を生成する力が十分育っていないことが指摘されている（武田, 1998）。武田（1998）の事例は自身の教職課程の授業に関する実践報告であり，心理学的な研究として実施されたわけではないが，そこで検討されているのはまさに分からないことを明確化し疑問を生成するオンライン・モニタリングの力だといえる。こうしたことからも，積極的に疑問を発しその疑問に答える推論を生成する力が十分育っていないという問題は，Renkl（1997）で対象となった一部の学習者に限られることではないことが推察される。

(4) オフライン・メタ認知

最後に，オフライン・メタ認知に関する実態を見ていく。オフライン・メタ認知は，課題を遂行する前後でのメタ認知の働きを指すが，研究知見が蓄積されているのは学習を終えた後のメタ認知の働きである（e.g., Dunlosky & Metcalfe, 2009）。学習後のメタ認知についての研究が多いのには，理解を達成する上で学習後の働きがより重要であることなどが考えられる。もし学習後に「理解できた」と判断したにもかかわらず，実際はよく理解できていなかったとすると，十分な理解が達成されないことになってしまう。本書でも，学習後のメタ認知が理解に直結するという理由から，以降では，学習前ではなく学習後のメタ認知に焦点を当てる。

学習後のメタ認知の中でもモニタリングに関する研究では，何らかの学習を行った後，自身の理解状態に関して主観的な評定が求められる。例えば，読んだ文章をどの程度理解できたと思うかをたずねる理解度判断（e.g., Maki, Shields, Wheeler, & Zacchilli, 2005）や，その後行われるテストでどのくらいの成績がとれると思うかをたずねるテスト成績の予測（e.g., Hacker, Bol, Horgan, & Rakow, 2000）が求められる。さらに，学習した内容についてのテストが実施され，主観的な理解度評定と実際のテスト成績とがどの程度一致しているかが調べられる。テスト成績との一致度が調べられるのは，ある人が「とてもよく理解できた」と評定したとしても，その評定が本当に正確であるかどうかを調べてみなければ，その人のモニタリング能力が高いか低いかは分からないからである。なお，発話思考法がオンライン・モニタリングのみを測定する方法ではなかったのに対して，Nelson & Narens（1990）が指摘するように，この方法はオフライン・モニタリングのみを測る方法だと想定されている。さらに，理解できたかを自己評価するモニタリングに対して，コントロールでは「文章をもう一度学習するか」という決定がなされたり，学習方法の変更がなされたりする。

オフライン・モニタリングにはいくつかの指標が存在する（レビューとして村山，2009; Schraw, 2009）。その１つは，理解度判断とテスト成績のズレを示す指標であり，バイアス（bias）と呼ばれる（Schraw, 2009）。例えば，100点満点のテストをうけた際，自分のテスト成績を70点と予測し，実際には60点だったとする。バイアスは，主観的な判断の値から実際のテスト成績を減算して算出され，この場合，70－60でバイアスは10になる。バイアスは自身の理解度を過小に判断したか，過大に判断したかを表す指標を表す。また，実際に理解できたよりも過大に理解度を判断した状態は「分かったつもり」（illusion of knowing）と呼ばれることもある（e.g., Glenberg, Wilkinson, & Epstein, 1982）。

オフライン・モニタリングのもう１つの指標として用いられるのは，理解度評定値とテスト成績の個人内連関係数であり，具体的には γ 係数（GoodmanとKruskalの順序連関係数）という指標が用いられる（村山，2009; Schraw, 2009）。γ 係数を算出するためには，複数の文章を題材に用いる必要があり，例えば，異なるトピックを扱った５つの文章それぞれについて学習，理解度判断，テストが求められる。γ 係数は理解度判断とテスト成績間の連関を調べるもので，正の連関であれば＋１，負の連関であれば－１の値をとる（連関が無ければ０になる）。理解度を高く評定した文章で高いテスト成績が，低く評定した文章で低いテスト成績が得られていると γ 係数はプラスになる。図１.11を見ると，A君は理解度を低く評定した文章のテスト成績が高かったり，理解度を高く評定した文章が低いテスト成績だったりしている。そのため，γ 係数はあまり高くならない。他方，Ｂ君は理解度評定が高くなるとテスト成績も高くなっており，γ 係数は高くなる。このように，γ 係数は，その人が理解できたものと理解できなかったものを弁別する能力を表す。なお，Pearsonの相関係数など他の指標の代わりに γ 係数が使われるのは，γ 係数が理解度判断やテスト成績そのものの値（つまり理解度判断の基準やテスト成績の高低）の影響を受けないなど，好ましい性質を持つためである（詳細は村山，2009; Nelson, 1984を参照)。

バイアスと γ 係数はどちらも理解度判断の正確さの指標であるが，オフライン・モニタリングの異なる側面に焦点を当てている。例えば，テスト成績を70点と予測したものが50点しかとれず，また別のテストでは90点と予測したものが70点しかとれなかったとする。このとき，どちらのテストにおいてもバイアスは20と大きいが，70点と予測したテストよりも90点と予測したテストにおいて実際に高いテスト成績が得られているため γ 係数は高くなる。

さて，前置きが長くなったが，理解状態に関する主観的な評定は実際どの程度正確なのだろうか。まず，バイアスの結果を見てみると，テスト成績が高い

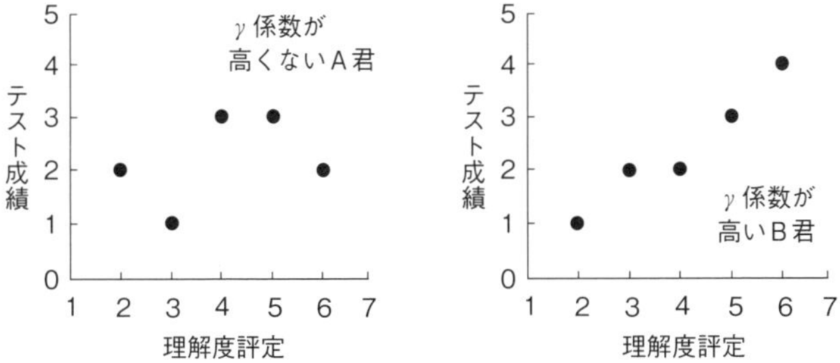

図１.11　γ 係数が高い状態と低い状態（深谷, 2015）

学習者はバイアスが小さいが，テスト成績が低い学習者はバイアスが過大判断に偏ることが明らかにされている（レビューとして深谷，2012）。一例として，Hacker et al.（2000）は大学の授業を受講した大学生を対象に調査を行った。中間試験と最終試験を含め３回の試験が実施され，各試験の前に受講生は試験でどのくらいのテスト成績がとれそうかを予測した。１回目のテストの結果をもとに，テスト成績のよかった順に５つの群を設定し，各群におけるテスト成績の予測値と実際の成績のズレを示した（図１.12）。群１が最もテスト成績のよかった群で，群５が最も悪かった群である。散布図上の線に近いほど，予測と実際が一致していることを表すが，テスト成績の悪かった群５では実際の成績よりも高くテスト成績を予測している，すなわち分かったつもりの状態に陥っていることが分かる。しかも，成績の悪かった学生はその後のテストでも実際のテスト成績よりも高い予測値を示し続けたことも明らかにされた。

このように，バイアスを用いた研究では，テスト成績が高い学習者はオフライン・モニタリングが正確である一方，テスト成績が低い学習者は不正確であるという結果が示されている。しかし，ここから，テスト成績が高い学習者はしっかりと自分の理解状態を把握できていると結論づけるのは早計であろう。理解状態を正確に把握するためには，学習後に学習した内容をふりかえり，自分は何が分かっているのか，何が分かっていないのかを省察する必要があるが，

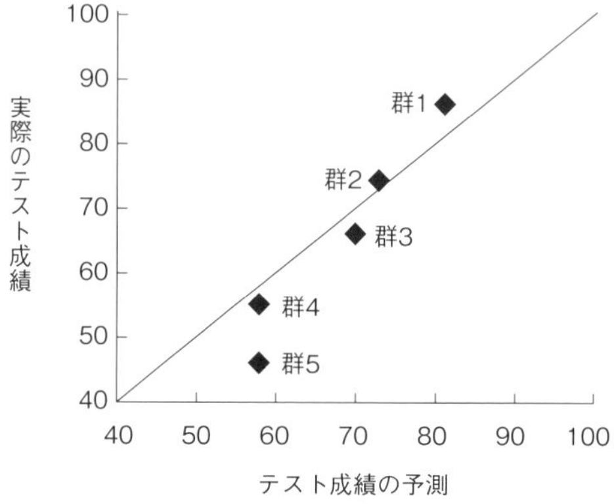

図１.12　成績の予測と実際の成績（Hacker et al., 2000を一部改変）

テスト成績が高い学習者は「普段同じようなテストで高い成績がとれているから」というだけの理由で予測を下している可能性もある。この点を検証するためには，γ係数によって，複数の文章を用いて理解できなかったものと，理解できたものを正しく弁別できたかを調べた研究をあわせて参照する必要がある。

実は，γ係数を用いて理解度評定の正確さを調べた研究を概観すると，学習者の理解度評定は必ずしもテスト成績を正確には予測しない，しかもそれはテスト成績が高い学習者においても同様であることが明らかにされている。これまで行われた39編の先行研究の結果をまとめた深谷（2010）によると，先行研究のγ係数の平均値は0.27だったという。この値は，高い成績をとる文章と低い成績をとる文章を正しく弁別できる確率が偶然よりも14%しか向上しないことを意味する（cf. Nelson, 1984, 数式７, p.116）。さらに，多くの研究で，テスト成績とγ係数の間にはほとんど相関が認められないことが報告されている（レビューとして深谷，2012）。つまり，テスト成績が高い学習者であっても，よく理解できた文章とそうでない文章を正確に把握できているわけではないことが分かる。「この内容はよく理解できていないからもう一度学習しよう」と考えたとき,「この内容は理解できていない」という判断自体が不正確であれば，本当はよく分かっていない内容が分かったつもりのままになってしまうだろう。我々が効果的に学習を進める上で，正確な理解度判断を行うことは重要であるが，実態として学習者のオフライン・モニタリングを行う力は十分に育成されているとはいえないようである。

先行研究の結果をまとめた深谷（2010）には，日本人の学習者は対象としたものは含まれていなかったが，これらの結果は様々な国の様々なサンプル（主に大学生）を対象として得られたものである。したがって，おそらく同様の結果が日本でも得られる可能性は高いと考えられる。なぜテスト成績が高い学習者であってもγ係数が高くならないのかといった理解度判断のメカニズムについては第２章において詳しく考察することとし，ここでは，直観に反して多くの人は自分の理解状態を必ずしも正確に判断していないことを確認してもらいたい。

1.4　第1章のまとめ

第1章ではまず，本書で焦点を当てるメタ認知という構成概念がどのようなものかを概説した。メタ認知は，知的な働きを評価・調整する機能を持っており，自立的に学習を進める上で重要な役割を持つものであった。こうしたメタ認知の働きを詳細に調べるにあたって，1.2節では学力の分類枠組み（学んだ力，学ぶ力）を紹介した。学んだ力とは例えば知識を指すもので，知識の中でもさらに断片的な知識（記憶）と関連づけられた知識（理解）が区別された。一方，学ぶ力はメタ認知に代表されるように，これから学習を進める中で働く学力である。さらに，メタ認知は，学習方略に関する知識などを表すメタ認知的知識と，モニタリングとコントロールという実際に課題を遂行するメタ認知的活動に区分されていた。

次に，これらの学力の実態を調べたところ，学んだ力については定型的な問題を解く力は高い一方で，教科書に重要な用語として記される内容でさえ，理解が達成されているとは言い難い状況にあることが示された。また，学ぶ力についても，質問紙データからも行動データからも，情報を関連づけたり自身の理解状態を評価したりする力が十分に育っていない実態が示唆された。深い理解を達成するためにも，学ぶ力であるメタ認知を育成する教育方法の開発が必要であるといえる。そこで第2章では，メタ認知を高める目的で実施された先行研究を概観し，そこでの成果と課題を明らかにするとともに，本研究がそれらの課題をどのように解決するかという枠組みを示していく。なお，学力の実態については現在の学校教育での成果と学習指導が大きな影響を持っていると思われるが，学校での指導の課題と改善策については総合考察において論考を加えることとする。

第2章 先行研究の知見と課題

本章の一部は次の論文を加筆・修正したものである。深谷達史（2012）．理解モニタリングの諸相―オンライン・オフラインモニタリングの関係に着目して―　心理学評論，55，246-263.

2.1　先行研究の知見

2.1.1　介入を整理する枠組み

第１章において学力の実態を示してきたが，心理学の領域では学習者のメタ認知を高めることを目的とした研究もこれまで数多く実施されてきた。メタ認知への介入研究はさまざまな理論的な背景のもとで行われてきており，例えば他者との協同を介したもの（Palincsar & Brown, 1984），認知的な要素と動機づけ的な要素の統合を図ったもの（Guthrie, McRae, & Klauda, 2007），テクノロジーを用いたもの（Winne & Nesbit, 2009）などが挙げられる。これらの多様なアプローチの中でも，本章ではメタ認知の詳細なメカニズムに迫るため，オンライン・メタ認知とオフライン・メタ認知のいずれかに焦点をあてた研究を取りあげ，その知見を概観する。具体的には，オンラインの研究として発話思考法などを用いて学習中の認知プロセスを測定しているもの，オフラインの研究として学習後の理解度判断を測定しているものを対象にレビューを行う（メタ認知への介入研究をより包括的に紹介したものとしてはHacker, Dunlosky, & Graesser, 2009; 三宮，2008を参照のこと）。

ところで，メタ認知に限らず，学習支援を目的として何らかの介入を行う場合，その目的は「促進」と「育成」の２つに大別できる（本書のタイトルもこれを反映している）。促進とは，学習を促す介入である。例えば，教科書の文学的文章を読む際に与えられる「登場人物の気持ちを考えよう」というめあてや，「なぜ主人公はこの場面でこういう行動をとったのだろう」という教師からの発問は促進を目的としたものである。つまり，めあてや発問を示すことで児童生徒は漫然と教科書を読むのではなく，目的意識を持ちながらより深く読み進めることが期待される。また，心理実験の促進的な介入としては，実験者から学習の前に「出てきた単語をイメージしながら単語を覚えてください」などの教示が与えられたり，提示された単語対に対して「どちらが好ましいか」を判断させるなどの手続きがとられることがある。実験では，さらに促進の効果を調べるため，学習後にテストが行われ，介入を行わなかった群との比較が行われる。あるいは，学習後に質問紙調査を行い，学習中にどのような学習方略を使って学習したかをたずねたりする。

しかし，仮に促進的な効果が見られたとしても，そこから学習者自身がメタ認知を働かせるようになった，つまりメタ認知が育成されたと結論づけることはできない。例えば，実験によって単語をイメージ化して覚えることが効果的であることが分かったとしても，その実験の参加者が実験後に「これから単語を学習するときはイメージ化して覚えよう」と考えたり，実際にそうした行動をとるかは分からないだろう。メタ認知が育成されたかどうかを結論づけるためには，介入が行われない状況でも，自らメタ認知を働かせて学習するようになったかこそが検討されなければいけない。

「育成」とは，教師や実験者などから求められずとも，学習者自らメタ認知を働かせられるようになったかを検証することを目的としたものである。そのために，育成を目的とした研究では事後セッションが設けられる（図2.1）。事後セッションでは介入は行われない。むしろ，介入がなくなった状況でも，介入時に教えられた方法を自ら用いて学習するようになったかが調べられる。例えば，介入が行われた後，介入時に使われた学習材料とは別の学習材料を用いて学習とテストがなされたり，介入後の学習場面において使用した学習方略をたずねる質問紙調査が実施されたりする。メタ認知を一時的に高め理解を促すことは重要であるが，教育においては，介入がない状況においても自らメタ認知を働かせて学習を進められるようになる，つまり学ぶ力を獲得することこそがより大きな目標となる。この視点に立ち，本研究はメタ認知の促進のみな

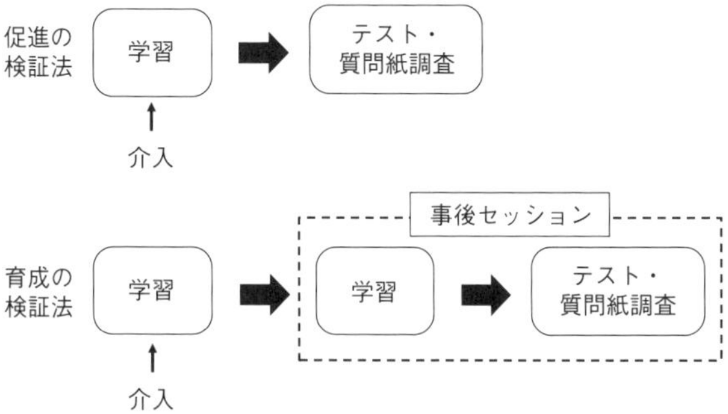

図２.１　促進と育成の検証法

らず，育成を目指した介入法についても検討を行う。

また，促進として効果が見られたとしても，同じ介入を実施すればメタ認知が育成されるとは限らないことにも注意が必要である。もちろん，先に挙げた，教師によるめあての提示や発問は，児童生徒に有効な読み方を習得させることを目標としており，多くの教師はめあてを提示したり問いを発さずとも，いずれは学習者自身が自らめあてを設定したり問いを発して学習を進められるようになることを期待していると考えられる。しかし，先行研究から，教師の促進的な働きかけが必ずしもメタ認知の育成につながらない可能性も示唆されている。例えば，犬塚（2008，研究３）は文章を読む方略である読解方略を対象に，中学生への調査を通じて，学習者が読解方略の指導についてどのような認識を有しているかを調査した。読解方略については，学習指導要領でも「要点を明らかにする」「段落相互の関係を読み取る」といった読み方が示されており，学校の授業でもこれらの活動が行われていたと考えられた。にもかかわらず，犬塚（2008）は半数以上の中学生が「学校では読み方を教わる機会がない」と認識していたことを明らかにしている。

メタ認知を自ら働かせる姿勢を養うためには，教師に求められたことを実行するだけでなく，学習者自らそうした活動を行う必要性や有効性を実感するとともに，メタ認知を働かせるためのスキルを獲得することが不可欠であろう。例えば，学習方略に関する研究では，「その方略が学習を進める上で有効である」と考えること（有効性の認知）が，学習方略の使用と強い関連を示すことが知られている（佐藤, 1998; 村山, 2003; 山口, 2012）。本研究では，こうした知見も踏まえながら，メタ認知の育成に求められる介入のあり方を検討していく。

以下では，先行研究においてどんな知見が見いだされているのか，また重要であるにもかかわらず十分検討されていない課題は何かをまとめていく。具体的にはまず，オンライン・メタ認知とオフライン・メタ認知に関する研究を，促進と育成それぞれの検討方法を用いた研究群に分け，４つの観点から先行研究の知見を整理する。次に，オンラインとオフラインの研究それぞれにおける課題を検討する。最後に，これらの課題を解決するために，本書がどのような研究を実施していくかという構成を示す。

2.1.2　オンライン・メタ認知における知見

(1)　促進における知見

先述したように，オンライン・メタ認知の促進においては，特に，学習内容についての疑問の生成（オンライン・モニタリング）およびその疑問を解消する情報の関連づけという２つの活動が重要であると考えられる。先に紹介した研究では，高いテスト成績をとった学習者がこれらの活動を積極的に行っていたという相関関係のみが示されていた。これだけでは，疑問生成と情報の関連づけが本当に理解をもたらしているかが明らかでなかったが，その後の研究で，２つの活動を促すことが実際にテスト成績の向上をもたらすことが明らかにされている。特に，チェスなどのゲームの遂行や数学的問題解決といった技能（手続き的知識）の習得における効果が多数報告されている（レビューとしてRoy & Chi, 2005）。

これらの研究では，介入方法として問題を解く際，自分が行おうとする操作について，なぜそうした操作をするのか，その結果どんなことが起きそうかといった質問が与えられる。先行研究では，オンライン・メタ認知を促す目的で与えられる実験者からの教示や質問は「プロンプト」と呼ばれており，多くの研究でプロンプトの効果が調べられている。例えば，de Bruin, Rikers, & Schmidt（2007）の実験では，大学生の参加者がチェスの基本的ルールを学んだ後，コンピュータープログラムにより行われる対戦を観察し学習するよう求められた。この際，介入群は一手ごとに「次にコンピュータがどのような手を打つか」を予測した上で,「なぜそう思ったのか」を述べるよう求められた。次に,学習した状況とは異なる場面で,参加者自身が対戦を行い,その対戦成績が事後テスト成績として分析された。その結果,単に予測のみを求めたグループや何も求められなかった統制群と比較して,プロンプトを与えられたグループにおいて高いテスト成績が認められた。

しかし,手続き的知識の獲得については多くの研究がなされている一方,概念的な知識の獲得を題材とした研究は必ずしも多くなされておらず,しかも一貫した効果が見出されていない。効果を見出した研究としてChi, de Leeuw, Chiu, & La Vancher (1994) の研究がある。Chiらは,中学校2年生の生徒に,人体の循環系に関する文章を学習するよう求めた。このとき,2つのグループが設けられ,1つのグループ（統制群）は文章を単に2回読むだけだったが,もう1つのグループ（実験群）は各文を読んだ後に,どんな意味かを自分自身に説明するよう求められた。具体的には,「新しい情報は何か」,「これまで読んだこととどんな関係があるか」,「理解していないことはないか」などを考えるよう教示された。なお,文章は1文ずつ提示された（例：「隔壁は,心臓を縦に二つの部分へと分けている」）。学習後には,理解が達成されたかを確認するため,「もし隔壁の細胞に穴が開いたらどうなりますか」といった文章中に明示されない情報について質問がなされた。また,学習した内容を日常的な事象に関連づけられるかを調べる質問が与えられた（例：「運動は全身の筋肉を強くします。循環にとってこのことがよいのはなぜでしょう」）。分析の結果,介入を行った実験群において高い成績が見られ,特に理解や日常的事象への関連づけを調べたテストにおいて顕著な差が確認された（他に,概念的知識への効果を報告した研究としてO'Reilly, Symons, & MacLatchy-Gaudet, 1998）。

ところが,Hausmann & Chi (2002) では,同じプロンプトが用いられたにもかかわらず,理解を促進する効果は再現されなかった。Hausmannらの論文では,介入を行った条件（実験2）と行っていない条件（実験1）の比較はなされていないが,報告された統計量から群間に差があったのかを検討できる。Hausmannの実験では,2つのテストが用いられており,1つは用語の定義を解答する課題であった。このテストの平均値を比較するため,効果の大きさを表す指標であるCohenの d を算出すると,d の値はほぼ0に近く（$d = 0.03$）,

介入の効果は見られなかった。なお，dは実験群と統制群の平均値の差を標準偏差で除した値であり（詳細は大久保・岡田，2012を参照），dについての1つの目安としてCohen（1969）は0.20を小さい効果，0.50を中程度の効果，0.80を大きい効果としている。次に，人体の循環系を描画する課題が用いられ，参加者の回答はまったく不正確なものから，科学的に正確なものまで7段階で得点化されていた。この得点を対象にウィルコクスンの順位和検定を行ったところ2つの群に有意な差は見られなかった（$z = -0.43$, *ns.*）。Hausmannらの実験は，Chi et al.（1994）と異なり，大学生を対象としたものだが，参加者のテスト成績が満点に近かったわけではないことから，大学生といえど介入がまったく必要ないわけではなかったと示唆される。このように，概念的な学習において，いかにオンライン・メタ認知を促すかについては一貫した結果が得られていないのが現状である。

(2) 育成における知見

促進を目的とした研究よりもさらに数が限られるが，介入がない状況でも自らオンライン・メタ認知を働かせられるようになったかまで調べた研究も存在する。例えば，McNamara（2004）の研究では，大学生が実験群と統制群に割り当てられ，実験群ではオンライン・メタ認知を働かせる介入が実施された。介入では，文章の意味を自らに説明することが重要であることが説明され，そのための手段として「理解状態を評価する」，「文を言い換える」など複数の読解方略が参加者に教授された。さらに，他者が方略を用いて学習する場面の発話が提示され，参加者はどんな方略が用いられているかを確認したり，実際に自分でも方略を使ってみたりした。このような訓練が75分から120分にわたり計2回実施された。その後，事後セッションにおいて事前テスト，文章の学習，2種類のテストが順に行われた。1つ目のテストは文に明示された内容の記憶を調べるもので（テキストベーステスト），もう1つのテストは文章の論理を捉えられたかを調べるものだった（橋渡し推論テスト）。

介入の効果は，既有知識の有無を調べた事前テストの成績と事後テストの種類によって異なっていた。第1に，テキストベーステストでは，事前テスト成績が低かった参加者にのみ介入の効果が認められた。テキストベーステストは，文に明示された意味的・修辞的構造の記憶を測定するものであった。つまり，テキストベーステストは既有知識がなくとも，積極的に学習を行うことで解答することができた。次に，橋渡し推論テストでは，既有知識の有無にかかわらず介入の効果が認められなかった。橋渡し推論テストは既有知識を持っていないと解答できず，そのため，訓練の効果が見られなかったとMcNamaraは考察している。

また，Bielaczyc, Pirolli, & Brown（1995）は，プログラミング言語（LISP）のマニュアルを学習材として，大学生のオンライン・メタ認知を高めるための訓練を実施している。Bielaczycらの訓練でも，介入群に対して文章や実際のコード例を学習する方略が示され（例えば，コードがどういうことを目的としているかを考える），その方略を使用しているモデルを観察したり，実際に自分でも使用してみるという介入が行われた。その後，事後セッションにおいて参加者は訓練時とは異なるコードを学習してプログラムを書いた。参加者のプログラムにどの程度エラーが含まれるかを分析した結果，統制群よりも介入群の方がエラーの数が少なかった。

これらの研究から，学習者のオンライン・メタ認知への介入によってオンライン・メタ認知を育成できると示唆される。ただし，これらの研究で測定の指標になっていたものは，情報の関連づけという深い理解を表すものではなかったことに注意が必要であろう。例えば，McNamara（2004）の研究は，文章中に答えが明示されているテキストベーステストのみに効果が見られたという結果であった。また，プログラミング言語の学習を扱ったBielaczyc et al.（1995）で従属変数になっていたのは，作成したコードにどの程度にエラーが含まれていたかであり，コードの意味がどの程度関連づけて理解されたかは調べられていなかった。よって，現状では，理解を指標としたオンライン・メタ認知の育成方法は十分明らかになっていないといえる。

2.1.3　オフライン・メタ認知における知見

(1) 促進における知見

第１章で，自身がどの程度理解できたかという学習後の理解度判断は必ずしも実際の理解状態と一致しないことを述べたが，理解度判断の正確さを高めるためには，どのような働きかけが必要になるのだろうか。本節では，まず人がどのように自身の理解度を判断しているかを先行研究から確認した後，先行研究で行われてきた介入法をまとめる。また，この研究領域では，「オフライン・モニタリングを促すことがどのような学習効果を生むのか」ということも調べられてきた。本書ではこの問いも検討の対象とするため，この点についても合わせて先行知見を概観する。

第１章では，学習後に自分がどの程度理解できたかを判断しても，その判断が必ずしも正確でないことを述べた。そもそも，理解度を正確にふり返るためには，どのようなことを行う必要があるだろう。１つには，自分の理解度を評価する際に，「学習中に感じた疑問は解決できたか」「分からない箇所はなかったか」など，学習中に得られた，自分の理解状態に関する手がかりを思い返すことがその手段として挙げられよう（「残された疑問などの想起」）。あるいは，学習後に自身の理解度を判断する際，改めて学んだ内容を思い出せるかを確認してみるといったことが求められる（「表象へのアクセス」）。ところが，Zhao & Linderholm（2008）によると，多くの人は，残された疑問を想起したり表象にアクセスしたりするなどのふり返り行動をとらず，表面的な手がかりによって判断を行ってしまうため，理解度判断の正確さが低くなるのだという。

ここでいう表面的な手がかりとは，自身の理解状態に関して，実際の学習経験をふり返る必要がなく，文章を読む前から利用可能な手がかりを指す。例えば「自分は読解がどのくらい得意か」といった自分の読解力に対する信念や，「文章にどのくらい興味があるか」というトピックへの興味が含まれる。例えば，Lin, Zabrucky, & Moore（1997）は，学習する前に測定したトピックへの興味が，学習後にたずねた理解度判断と中程度の相関を示したことを報告している。もちろん，一般的には，興味を持った文章の方がそうでない文書よりもよく理解できる場合もあるわけだが，Lin et al.（1997）は，興味の値は実際のテスト成績をそこまで正確に予測するわけではないことも合わせて示している。まとめると，学習後に自分の理解状態を正確に把握するには，自分の理解状態に関する学習中の出来事を思い出したり（残された疑問などの想起），学習したことを思い出したりする（表象へのアクセス）ことが求められるが，実際には，表面的な手がかりが理解度判断に強い影響を与えるため，オフライン・モニタリングが不正確になってしまうのだといえる（図２.２）。

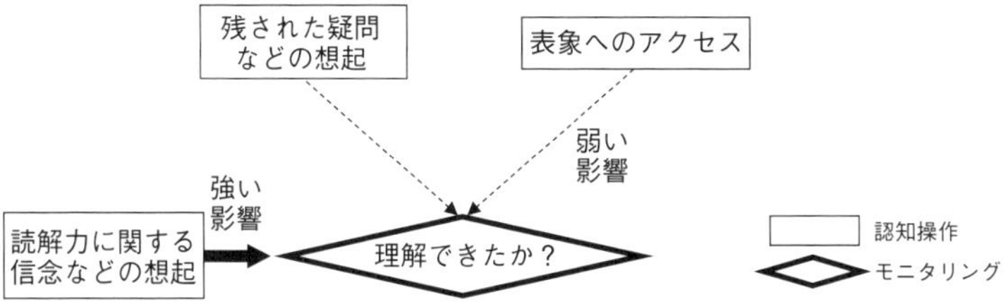

図2.2　オフライン・モニタリングの過程

学習者が実際の学習経験をふり返ることなく，表面的な手がかりをもとに理解度判断を行っていると考えることで，「テスト成績が高い学習者のバイアスは小さい一方，テスト成績が低い学習者のバイアスは大きい」という先行知見も説明できる。読解が得意なものは，読解自信度を手がかりに理解度を高く判断し，実際に高いテスト成績を得る（よってバイアスは小さい）。読解が不得意な学習者も，実際のテスト成績に基づき理解度を低く判断すればバイアスは小さくなるわけだが，人間には自分を有能で望ましい存在だと思いたい欲求があり，この欲求のために自分の能力を実際よりも高く考えてしまう認知的な傾向が存在することが知られている（Dunning, Johnson, Ehrlinger, & Kruger, 2003）。こうした傾向により，高いテスト成績がとれない学習者でも，自分の理解度を実際の成績よりも高めに判断してしまうのだと考えられる。

こうした問題に対して，オフライン・モニタリングの促進を試みた研究では，オンライン・メタ認知を促すことで残された疑問などを想起させやすくしたり，外化活動によって表象へのアクセスを促したりすることで，実際の理解状態を反映した手がかりを利用させることを試みてきた（レビューとしてThiede, Griffin, Wiley, & Redford, 2009）。例えば，参加者に再読を求めることが γ 係数の向上をもたらすことが報告されている（e.g., Dunlosky & Rawson, 2005; Rawson, Dunlosky, & Thiede, 2000）。文章を一読するだけでは往々にして表面的な解釈しかできないが，同じ文章を繰り返し読むことで，深い疑問を持ったり情報を関連づけたりするなど，オンライン・メタ認知を活性化できると考えられる。再読が効果を生むのは，オンライン・メタ認知を活発に働かせることで，学習後に理解度を判断する際にも，学習中に得た，自分自身の理解状態を反映する手がかり（学習中に疑問がどの程度解決されたかなど）を想起しやすくなるためだと考えられる。

他にも，Thiede, Griffin, Wiley, & Anderson（2010）は，概念地図を作成することがオフライン・モニタリングを促進することを見出している。概念地図とは，図2.3に示したような，文章中の概念間の関係を図示化したもので，概念地図を作ることで，文章の情報がどのように関連しているのかを考えたり，自分の考えたことを外化したりすることが促される。つまり，概念地図を作成することで，図2.2における「残された疑問などの想起」や「表象へのアクセス」が促されると考えられる。Thiedeらは，読解が苦手な大学生に対して概念地図を作るトレーニングを行った上で，参加者を読解中に概念地図を作成する実験群と特に何も行わない統制群に割り当て実験を行った。分析の結果，統制群よりも実験群において高いγ係数が確認された（なお，概念地図作成の効果はRedford, Thiede, Wiley, & Griffin, 2012でも報告されている）。

以上のように，自身の理解状態を評価する際，人は表面的な手がかりを用いてしまうため，オフライン・モニタリングは正確にならないことが示されていたが，オンライン・メタ認知や表象へのアクセスを促すことで，自身の理解状態を正確に把握できるようになることが明らかにされてきた。ただし，先行研究（e.g., Thiede et al., 2009）において「効果がある」とされている介入法の中でも，実は，効果が一貫していないものと効果が比較的安定しているものが混在しており，どのような介入がオフライン・モニタリングの向上をもたらす

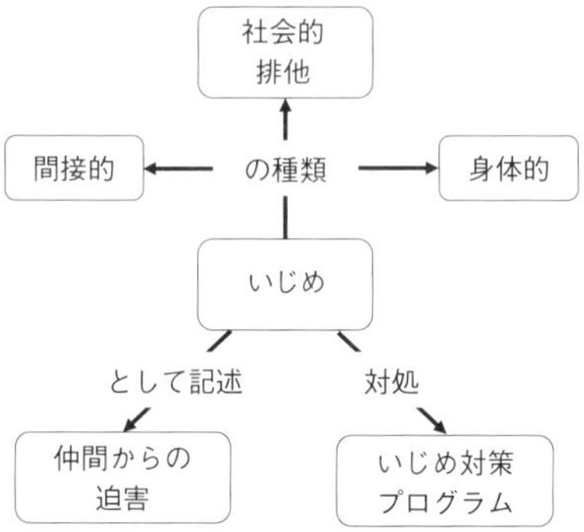

図2.3　概念地図の例（Nesbit & Adesope, 2006を参考に作成）

のかは十分明らかになっていない。

Thiede et al.（2009）がレビューした介入法のうち，効果が安定していない介入として再読が挙げられる。前述したように，再読を行った場合，学習中に積極的に疑問が生成されるなどオンライン・メタ認知が活発になり，結果として，理解度判断時に学習中の理解状態を想起しやすくなる可能性はある。しかし，実際に再読の効果を調べた研究を概観すると，オフライン・モニタリングへの効果を報告したものと（Dunlosky & Rawson, 2005; Griffin, Wiley, & Thiede, 2008; Rawson et al., 2000），効果が見られなかったもの（Chiang, Therriault, & Franks, 2010; Maki, Holder, & McGuire, 2001）があり，一貫した効果は認められていない。

一方，概念地図作成のように，オンライン・メタ認知を活発化させるだけでなく，学んだ内容を言語化・図示化するような，表象へのアクセスを明示的に求める介入では，比較的一貫した効果が報告されている。例えば，遅延時間を置いてから要約もしくはキーワードを生成させることが，理解度判断の正確さの向上につながることが報告されている（e.g., Anderson & Thiede, 2008; Thiede & Anderson, 2003: Thiede, Dunlosky, Griffin, & Wiley, 2005; Thiede, Anderson, & Therriault, 2003）。学習直後だと理解できていない内容であっても，断片的な記憶は残っているため，要約やキーワードが作成できるのに対して，数分の遅延時間を置くと理解できなかった文章は忘却してしまい，要約やキーワードを作れない。そのため，遅延時間を置いて要約やキーワードを作成すると，自分が理解できたものとできなかったものとを弁別する手がかりが得られるのだと考えられる。

なお，小学校低学年から中学年の児童ではキーワード作成の効果が見られなかったと報告されているが（de Bruin, Thiede, Camp, & Redford, 2011; von der Linden, Schneider, & Roebers, 2011），この結果が見られたのは，生成したキーワードが自分の理解状態を反映していることに児童が無自覚であったためだと考えられる。実際，de Bruinらは，発達段階が進んだ小学校高学年の児童にはキーワード生成の効果が見られたことを示している。また，概念地図の作成についても，Redford et al.（2012）が中学校1年生を対象にγ係数を高める効果が見られたことを明らかにしている。

まとめると，先行研究では様々な介入方法は提案されてきたが，その中には，介入は効果が一貫しないもの（オンライン・メタ認知を促す再読など）と安定して効果が得られているもの（表象へのアクセスを促す遅延要約作成など）が混在していた。再読などによってオンライン・メタ認知を促しても，学習後に自分の理解度をふり返る際には，結局表面的な手がかりを用いてしまい，理解度判断は正確にならないのかもしれない。また，こうした考えを裏づける別の根拠として，オンライン・メタ認知を活発に行っているはずの読解能力が高い学習者でさえ，オフライン・モニタリングの正確さは必ずしも高くないという知見もある（レビューとして深谷, 2012）。一方, 学んだ内容を外化する活動では，学んだことを思い出すことが必然的に求められる。理解できた文章はうまく外化でき，理解できなかった文章は外化できないという状況が学習者自身にも可視化されるため，外化を伴う活動には一貫して効果が認められると考えられる。先行研究の状況としては，オフライン・モニタリングを促すいくつかの介入法は提案されてきたものの，そのメカニズムについては不明な点も存在するといえよう。

ところで，これまでオフライン・モニタリングを促す方法について紹介してきたが，そもそもオフライン・モニタリングを促すことで，どのような学習効果が得られるのであろう。オフライン・モニタリングの促進に関する研究では，「オフライン・モニタリングを促すことで，その後の学習行動がどのように変化するのか」という点についても研究がなされてきた。先述したように，理解度判断はどの文章を再学習するかを決める情報として用いられる。例えば，複数の単元を一通り復習した後，もう一度内容を確認しようとした場合，完全に理解できた内容を再学習するよりも，理解が不十分な内容を再学習した方が学習効果は高いだろう。ところが，オフライン・モニタリングが正確でないと，本当は理解できていない内容を「理解できた」，理解できた内容を「理解できていない」と考えてしまうため，再学習が必要な文章を正確に判断できない。よって，オフライン・モニタリングが正確になる効果の1つは，自分が本当に理解できていない文章を再学習すべき対象として選択できるようになることだといえる。

実際，Thiede et al. (2003)は，オフライン・モニタリングへの介入が，文章の再学習を経て，最終的に理解成績を向上させることを確かめている。Thiedeらは，遅延キーワード生成を行う群と行わない群を設けた上で，学習，(実験群のみキーワード生成，) 理解度判断，テストという一連の手続きの後，さらに文章の再学習と2回目のテストを実施した。なお，どの文章を再学習するかは参加者自身が決定し，1回目と2回目のテストの問題は異なっていた。分析の結果，1回目のテストでは介入群と統制群の間にテスト成績の違いは見られなかったが，2回目のテストでは統制群よりも介入群に高いテスト成績が認められた。つまり，介入群では理解度判断の正確さが高くなったため，理解できていない文章を的確に再学習の対象として選択でき，その結果，2回目のテスト成績が向上したのだと考えられた。なお，Thiede et al. (2003) の研究はγ係数を指標としていたが,「分かったつもり」を表すバイアスを用いた研究でも，バイアスを低めることがテスト成績の向上をもたらすことが示されている (Dunlosky & Rawson, 2012; Nietfeld, Cao, & Osborne, 2006)。

先行研究では，オフライン・モニタリングへの介入効果に関して，主に学習時間という量的な観点から検討がされてきた。例えば，Thiede et al. (2003) は，オフライン・モニタリングを促進すれば，理解していない文章をより長く勉強できるため，理解できるようになることを示した。しかし，オフライン・モニタリングを促進することは,「どのくらい学習するか」という学習の量的な側面だけでなく,「どのように学習するか」という質的な側面にも影響を及ぼす可能性がある。例えば,「自分が学習した内容を十分理解できていなかった」と気がついた学習者は,「自分の学習方法が有効でなく，より効果的な学習方法をとる必要がある」と感じるかもしれない。であれば，オフライン・モニタリングの促進は，学習方略を変更する必要性を高める介入になりうると考えられるが，現状では，オフライン・モニタリングの促進効果については量的な側面からの限られた研究しかなされていない。

(2) 育成における知見

学習中のメタ認知の働きを高めたり表象へのアクセスを伴ったりする介入によって学習後の理解度判断の正確さが向上することが明らかにされてきた。しかし，これまで紹介してきた介入研究はあくまで促進的なアプローチであり，介入が行われない状況でも自らオフライン・モニタリングを活発に働かせられるかは調べられていなかった。

これまでオフライン・モニタリングに対する育成を試みた研究はほとんど行われていなかったが，近年報告されたThiede, Redford, Wiley, & Griffin（2012）が，オフライン・モニタリング能力を育成する介入の効果を検討している。Thiedeらの研究では中学１年生と２年生が研究の対象となっており，参加者のうち約半数の生徒は小学校時代に特別なカリキュラムの授業を受けていた。その小学校では，読解力を向上させる特別なプログラムが開発されており，文章から情報を推論したり，次に書かれていることを予測したり，読み取ったことを要約したりする活動が積極的に行われていた。さらに，テストとしても語彙知識や文章に明示的に書かれていることを確認する問題はほとんどなく，意味の読み取りや要約を求める問題が大半であった。この学校は，かねてよりこうした先進的な取り組みを行っていたが，最近生徒の受け入れ枠を拡張したため，中学１年生もしくは２年生になってから他の学校からこの学校に転校してくる生徒が存在した。そこで，小学校に入学して以来先進的なカリキュラムで学習した生徒と，新しく転校してきた生徒に対して理解度判断の正確さを調べる実験を行った。

Thiede et al.（2012）の仮説は次のものであった。先進的なカリキュラムの授業を受けた学習者は，文章の学習においてオンライン・メタ認知を積極的に働かせるとともに，情報を関連づけられたかを調べるテストが出されることを予期しながら学習する。そのため，理解を測るテストを実施した場合，通常のカリキュラムで学習した生徒に比べて理解度判断の正確さが高くなるだろう。この仮説を検証するため，実験では科学的なトピックについて解説した４つの文章が用意され，文章の学習，理解度判断，テストが順に行われた。テストは理解テストと記憶テストの２種類あり，理解テストは，文章に明示的に書かれていない情報が読み取れたかを調べるもの，記憶テストは文章中の詳細な情報を覚えているかを調べるものだった。分析の結果，理解テスト成績を使ってγ係数を算出した場合，統制群よりも介入群に高い値が見られた一方，記憶テスト成績を使ってγ係数を算出するとこうした違いは見られなかった。

Thiede et al.（2012）の研究は，特別なカリキュラムの元で学習してきた介入群の生徒は，「どの程度理解できたか」を判断するよう求められた際，「どのくらい文章を覚えられたか」という記憶に基づく基準ではなく，「どのくらい意味が読み取れたか」という理解に基づく基準を用いて理解度判断を下したことを示唆しており，オフライン・モニタリング能力の育成が可能であることを示したものである。ただし，Thiedeらの研究はあくまで実験者が理解度判断を求めた状況を扱ったもので，他者に求められずとも学習者が自分の理解状態をチェックするようになったかを調べたものではなかった。先行研究において「自分の理解状態を自らチェックする学習者を育成するにはどうしたらよいか」という問いについては未検討であるといえる。

2.2　先行研究の課題

これまで，オンラインおよびオフラインのメタ認知の働きと，促進・育成という異なるアプローチの研究とを組み合わせ，それぞれの領域について明らかにされている知見を概観してきた。しかし，先行研究では重要であるにもかかわらず，いまだ検討が不十分な点も存在した。そこで，本節では改めて先行研究の課題をまとめる。前節と同様に，オン・オフラインおよび促進・育成を組み合わせた4つの区分に沿って課題を指摘していく。

2.2.1　オンライン・メタ認知における課題

(1) 促進における課題

オンライン・メタ認知を調べた研究では，数学やゲームにおける手続き的知識の獲得を目指した研究と概念的知識の獲得を目指した研究がそれぞれ行われていた。手続き的知識の獲得においては，学習の際「なぜそうした演算や操作をするのか」といったことを考えさせることで，オンライン・メタ認知が促進されるということが多くの研究で示されていた。一方，文章などで概念的知識を学習させた研究では，「新しい情報は何か」といったプロンプトによって介入が試みられていたが，研究の結果を概観すると，効果を確認した研究（Chi et al., 1994）と効果が見られなかった研究（Hausmann & Chi, 2002）の両方が報告されていた。

なぜChi et al.（1994）が開発したプロンプトの効果が一貫しないのかという

点について，効果を見出したChi et al.（1994）の研究ではプロンプト以外の要因がその効果をもたらした可能性が指摘できる。参加者に発話思考を求めたChi et al.（1994）では，参加者の発話の意味が不明瞭だった場合，参加者に発話の意味を説明してもらうという手続きがとられていた。このような働きかけは，参加者に実験者を説明の聴き手として意識させるものであり，この手続きが学習の効果を高めた可能性がある。実際，先行研究では，読み取った内容を他者に説明することが理解を促すことが明らかにされている（e.g., 伊藤，2009）。このように，Chi et al.（1994）の研究は，「プロンプト」と「聴き手を意識した説明」という異なる要因が交絡してしまっているため，Chi et al.（1994）で用いられたプロンプトが本当に効果を持つのかという点には検討の余地が残されている。

さらに，より重要な課題として，もしChi et al.（1994）で用いられたプロンプトに効果がないのであれば，オンライン・メタ認知を促す，より有効な介入方法を開発する必要があるだろう。こうした問題意識をもとに，本書の研究1では，情報間の因果関係に関する疑問生成と関連づけをより明示的に求めるプロンプトを開発し，この課題の解決を試みる。詳細は第3章で述べるが，そもそもChi et al.（1994）以降の研究で用いられてきたプロンプトは，「読んだ文がどんなことを意味しているか」「新しい情報はあるか」といった一般的な符号化を促すものであった。しかし，「意味を考えよ」というだけでは「意味を考えるのに，そもそも何を考えたらよいか分からない」という学習者にとってはあまり効果的な働きかけとはならないだろう。したがって，むしろ意味を捉えるための観点そのものを介入のターゲットにする必要があると考えられる。そこで研究1では，概念的知識の題材とされてきた人体の循環系の意味理解を捉えるため，要素の仕組みと機能という因果関係に基づく枠組みを参照し，新たなプロンプトを開発する。

(2) 育成における課題

これまで，オンライン・メタ認知の育成を試みた研究では，訓練の効果は示されてきたものの，いくつかの課題が残されていた。1つは指標の問題であり，プログラミング言語LISPの学習場面を扱ったBielaczyc et al.（1995）の研究は，プログラムのエラーの数が従属変数となっており，理解を達成できたかを表す指標を用いていなかった。よって，概念の関連づけが達成できたかを調べるテストを用いて検討を行う必要があるだろう。2つ目の課題は介入に関するもので，例えばMcNamara（2004）の介入でも，疑問を考えたり関連づけを促す方略は取り上げられていたが，どのような疑問や関連づけが理解につながるのかは考慮されていなかった。McNamaraの研究で効果が見られたのが，文章中に答えが明示されているテキストベーステストのみであったという結果もこうした介入方法に起因すると考えられる。そこで，本書の研究2においては，研究1で開発したプロンプトを用いて，文章に明示されていない重要な情報を読み取るためのトレーニングを実施することで，先行研究の課題を解決する。

2.2.2　オフライン・メタ認知における課題

（1）促進における課題

オフライン・メタ認知，特に学習後の自分の理解状態を把握する働きであるオフライン・モニタリングに関する研究では，トピックへの興味といった表面的な手がかりによって理解度を判断してしまい，その結果，理解度判断と実際の理解度が一致しないという結果が示されていた。この問題に対して，文章の再読を求めたり概念地図を作成させたりすることで，何が分かって，何が分かっていないのかを自分自身が把握することが可能になり，理解度判断の正確さが向上することが明らかにされてきた。

しかし，促進効果を報告した研究にもいくつかの問題を指摘できる。本書は，その中でも3つの課題に焦点を当てる。第1に，オンライン・メタ認知における介入研究と同じく，意味を理解するための観点を考慮する必要がある。例えば，概念地図に関していえば，先行研究でも，どのような概念地図を作成するかによって概念地図の効果は異なると指摘される（Kinchin, Hay, & Adams, 2000）。情報の因果関係を捉えることが重要なのであれば，やはりそうした観点から概念地図の作成などの介入を求めることが重要であろう。この点については，先述した，新たに開発したプロンプトの有効性が研究1において認められれば，オフライン・モニタリングの介入法としても応用することが可能だと思われる。

第2に，先行研究で提案されてきた介入法はさまざまな要因が混在しており，先述したように，オンライン・メタ認知の働きを高めるだけで理解度判断の正確さが向上するのか，それとも理解度判断の正確さを高めるには学んだことを外化する活動が必要なのかといった点は十分明らかにされていなかった。しかし，これまでの研究では，介入にさまざまな要因が混在していることや，介入によっては効果が一貫しないことに対してあまり目が向けられておらず（e.g., Thiede et al., 2009），情報をインプットするオンラインの過程のみへの介入と，情報をアウトプットする過程への介入を行い，それらの効果の違いを直接的に検討した研究は見られない。そこで本書の研究３では，インプットの過程であるオンライン・メタ認知への介入のみ行う条件と，それに加えて明示的なアウトプットを求める介入を行う条件とを比較し，オフライン・モニタリングを促すための条件を明らかにすることを試みる（介入方法については第５章で詳しく述べる）。

最後に，３つ目の課題として，オフライン・モニタリングが促進されると，どのような効果が生じるのかをより詳細に検討する必要性が存在する。先行研究では，学習後の理解度判断が正確になると，自分が理解できなかった文章を正しく再学習すべきものとして選択でき，その結果，テスト成績が向上することが示されていた（e.g., Thiede et al., 2003）。確かに，学習を繰り返し進める際に，理解できていないものに学習時間を割り当てることは重要である。しかし，モニタリングに続くコントロールの活動には，「何を学習するか」という学習対象の調整だけでなく，「どのように学習するか」という学習方法の調整も含まれる。学習したにもかかわらず，それが十分理解できていなかったことを認識することで，「理解を深めるため，より有効な学習方法に変更すべきだ」という方略変更の必要性が強まるだろう。もちろん，「どのように学習すべきか」について明示的なヒントがない状況では，学習者一人で自らの学習法を見直すのは難しいだろうが，教師から学習方略が教授される状況にあれば，自らの「分かったつもり」に気が付くことが学習方略の変更につながる可能性があるといえる。そこで，本書の研究４では，これまで焦点が当てられてこなかった，オフライン・モニタリングの促進が学習方略の使用に正の影響を及ぼすという仮説を検証する。

(2) 育成における課題

オフライン・モニタリングの育成に関する研究であるThiede et al. (2012) では，意味理解を重視した授業やテストを長期にわたって受けることで，生徒自身の理解度判断の基準が変わり，理解度判断を求められたときに正確な判断を行えるようになることが示されていた。理解度判断を行う際に介入を行わなくとも，正確なオフライン・モニタリングができるようになったことを実証した点で優れた研究だが，あくまでここから分かるのは，理解度判断を求められた際に，学習者が理解テストの出来を予測できるようになったということである。つまり，日々の学習において学習者自ら自分の理解状態をチェックするようになったかは定かではない。実際の学習場面で教師が常に理解度判断を求めるわけではないことを踏まえると，自立的に学習を進めるためには，学習者自身が適切な方法で自身の理解状態をチェックする必要があるといえる。よって，理解度の基準を変化させるだけでなく，介入の結果，学習者が自身の理解状態を正確に把握するための学習方略を用いるようになったかを調べる研究が必要だろう。こうした問題意識のもと，本書の研究５では，研究３・研究４において有効性が確認された介入法を学習者に教授し，質問紙によって普段の学習場面でその方略をどの程度用いるようになったかを調査する。

2.3　第２章のまとめと研究の構成

第２章では，オンラインとオフラインのメタ認知，促進と育成を組み合わせた４つの領域における先行研究の知見を概観した。まず，オンライン・メタ認知の促進に関する研究では，プロンプトを用いて疑問の生成や情報の関連づけを促すという介入法がとられていた。ただし，手続き的知識への効果は見出されているものの，概念的知識への効果は一貫しておらず，より有効な介入法を開発する必要性が示唆されていた。次に，オンライン・メタ認知の育成については，介入の効果は報告されているものの，介入の効果を測定する指標が手続き的知識の獲得のみで理解の達成が調べられていない (Bielaczyc et al., 1995)，記憶レベルのテストでは効果があるが理解レベルのテストでは効果が得られない (McNamara, 2004) といった問題が存在した。

また，学習後の理解度判断を指標としたオフライン・モニタリングに関する研究では，再読や概念地図の作成など，オンライン・メタ認知や表象へのアクセスを促す介入が理解度判断の正確さを向上させることが示されていた。ただし，先行研究ではどのような介入が有効なのかが不明瞭という課題もあった。特に，情報をインプットする際のオンライン・メタ認知を促すだけで判断が正確になるのか，正確さの向上のためには表象へのアクセスが引き起こされる情報のアウトプットが必要なのかが明らかでなかった。加えて，オフライン・モニタリングを促進することで，その後の学習にどのような効果が生じるかという点についても課題が残されていた。学習後の理解度判断が正確になると，再学習すべき対象を的確に選ぶことができ，再学習を経て理解成績が高まることが示されていた一方で，学習方略の変更という側面についてはまったく検討が加えられていなかった。最後に，オフライン・メタ認知の育成に関して，「学習者が適切な方法で自身の理解状態をチェックできるようになる」という重要な目標について研究がなされていないという問題が指摘された。

以上の課題に対して本書の第Ⅱ部以降では，課題の解決を目指した一連の研究を報告する。詳細は第Ⅱ部以降で記述するが，概略として図2.4に研究の

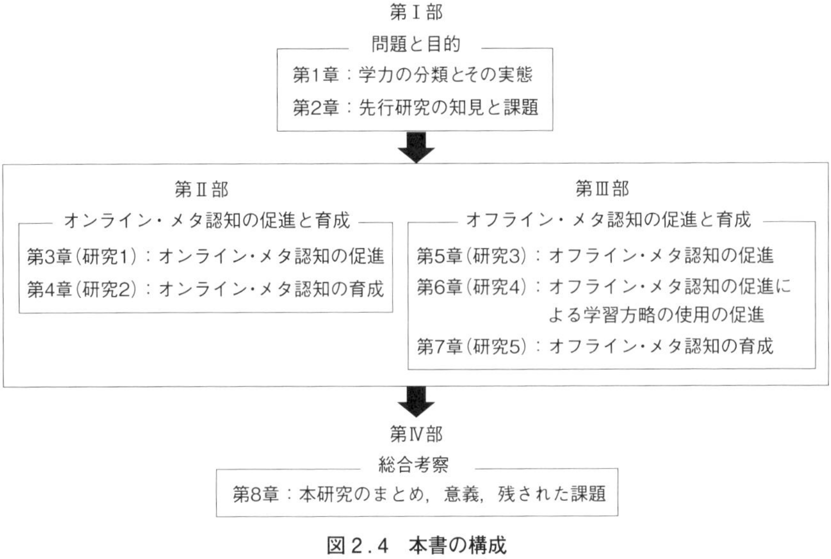

図2.4　本書の構成

表2.1　研究の概要の一覧

	リサーチ・クエスチョン	主な介入方法	対象	指標
研究1	オンライン・メタ認知を促すにはどうすべきか	・プロンプト	大学生	・発話思考 ・理解テスト
研究2	オンライン・メタ認知を自ら働かせる学習者を育てるにはどうすべきか	・プロンプト ・説明活動	中学生	・学習中のメモ ・理解テスト
研究3	オフライン・メタ認知を促すにはどうすべきか	・説明産出	大学生	・理解度評定
研究4	オフライン・メタ認知の促進は学習方略の使用を促すか	・説明産出 ・評価活動	大学生	・理解度評定 ・学習方略質問紙
研究5	オフライン・メタ認知を自ら働かせる学習者を育てるにはどうすべきか	・教えあい講座	高校生	・学習方略質問紙

全体的な枠組みを，表2.1に研究の概要の一覧を示した。第Ⅱ部は，オンライン・メタ認知に着目し，まず第3章（研究1）にて概念的知識の学習におけるオンライン・メタ認知を促す介入法を開発する。第4章（研究2）では，研究1で新たに開発したプロンプトを用いて，オンライン・メタ認知を自発的に働かせられるようにするトレーニングを実施する。第Ⅲ部はオフライン・メタ認知の中でも学習後の理解度判断の正確さを高めるための研究から構成されている。第5章（研究3）では特にオンライン・メタ認知を促すだけでオフライン・モニタリングの正確さも向上するのか，それともその向上のためには情報を外化するという別のプロセスが必要になるのかという点を検討する。さらに，第6章（研究4）ではオフライン・モニタリングを促進することが，次の学習における学習方略の使用を促すのかを調べる。第7章（研究5）では，オフライン・モニタリングを正確に行うための方略を教授することで，学習者が自発的に理解度を正確にチェックするための行動をとるようになったかを検証する。第Ⅳ部は総合考察となっており，各研究のまとめを述べた上で，理論的・実践的示唆を考察し，残された課題や今後の研究に期待されることを展望する。

第 II 部
オンライン・メタ認知の促進と育成

第3章 オンライン・メタ認知の促進（研究1）

本章は次の論文を加筆・修正したものである。深谷達史（2011）．科学的概念の学習における自己説明プロンプトの効果—SBF理論に基づく介入—　認知科学，18，190-201.

3．1　問題と目的

3．1．1　研究1で焦点を当てる問題

学習中に働くオンライン・メタ認知を促すために，これまでの研究では「読んだ文がどんなことを意味しているか」などのプロンプトが用いられてきた。しかし，その効果は一貫しておらず，より効果的な介入法を開発する必要性が存在した。

有効な介入法を考えるにあたって，まず，「学習内容を理解できた」といえるのはどのような状態かを明確にする必要があるだろう。第1章で述べたように，「概念が理解できた」という状態とは，ある概念が他の情報と有機的な関連を持った状態であった。では，Chi et al.（1994）が実験の題材として使用した人体の循環系における有機的な関連とはどのようなものだろう。先に述べたように，人体の循環系には「心室」「弁」「動脈」などの様々な要素が含まれているが，これらの要素の名称を覚えるだけでは「循環系が理解できた」とはいえない。循環系の働きを有機的に捉えるためには，「それぞれの要素がどのような機能を持っているか」「その機能はどのような仕組みで可能になっているか」という因果的なつながりを理解する必要がある（e.g., Hmelo-Silver, Marathe, & Liu, 2007）。

このように，仕組みと機能という観点から，あるシステムにおける構成要素

の働きを捉える枠組みとして提案されているのがSBF理論である（Structure-Behavior-Function theory; SBF theory)。SBF理論とは，多数の要素から構成される階層的なシステムの働きを捉えるための枠組みである。SBF理論は，もともと知識工学の分野においてGoel, Gómez de Silva Garza, Grué, Murdock, Recker, & Govindaraj（1996）が提案したもので，工学設計のための枠組みとして使用されていた。近年では，Cindy Hmelo-Silverを中心に，生物学的，生態学的システムの働きを捉える枠組みとしてSBF理論が適用されている(Hmelo-Silver et al., 2007; Liu, & Hmelo-Silver, 2009)。

SBFとは構成要素（Structure), 仕組み（Behavior), 機能（Function）の各々の頭文字を取った略称である。構成要素とはシステムの一部，すなわちシステムを成り立たせる要素を指す。例えば，循環系は心臓，血管，血液という構成要素からなる。仕組みとは要素が働く機制・機構であり，機能とは要素の役割である。一つひとつの構成要素は何らかの仕組みを通して，その機能を成し遂げる。例えば，弁という構成要素は「血液の流れにあわせて開閉する」という仕組みによって,「血液の逆流を防ぐ」という機能を果たす（図3.1)。さらに，図3.2に要素間の階層的な関係を示した。図3.2から，心臓，血液，血管といった個々の構成要素がそれぞれの仕組みと機能をもつことで,「生命を維持する」という循環系全体の働きが成り立っていることが分かる。

先行研究から，学習者が仕組みと機能という観点を十分に意識して学習を進めていないという実態も示されている。例えば，Hmelo, Holton, & Kolodner (2000) は小学校6年生が呼吸系の仕組みを学習する際，人工的な肺を作る学習活動を行う実験群と，教科書や教師主導の議論を行う統制群を設定し，人口肺を作る活動の効果を検証した。実験学級では，児童が主体的に課題を追及していくことが重視され，映像や文章の学習から「酸素はどのように肺で処理されているのか」などいくつかの問いを設定し，調べ学習と情報の整理を行った。その後，ストローやスポンジなどの材料を使い人工肺を作成し発表会が行われ

図3.1　弁の仕組みと機能

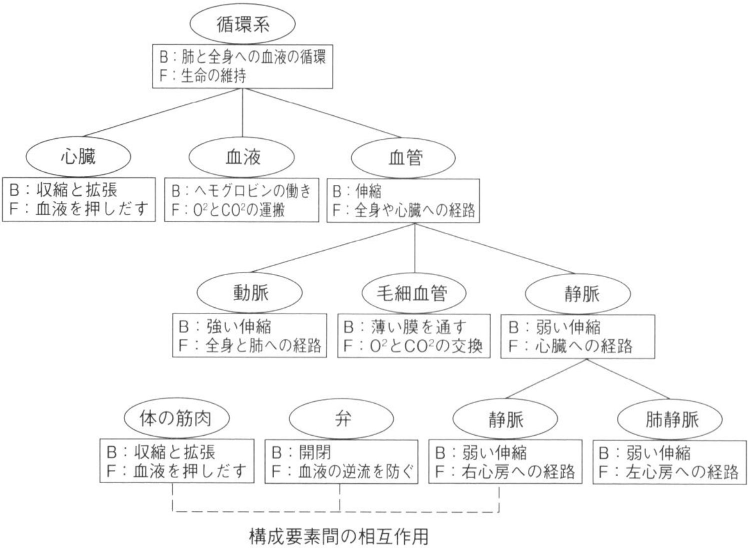

注：図中のBは仕組みを，Fは機能を表す

図3.2　仕組みと機能の観点から見た循環系の働き

た。授業の前後に実施されたテストや面接の結果，統制群よりも実験群において理解テスト得点がより向上していた。ところが，多くの児童は横隔膜を風船でモデル化するなど見かけの類似性を考えるだけで，横隔膜の仕組みや機能をどうモデル化するかまで考えた児童はほとんどいなかった。このような結果を踏まえ，Hmeloらは構成要素だけでなくその仕組みと機能という観点を明示的に教授する必要性を論じている。

では，仕組みと機能について考えることを促すために，どのような働きかけを行うべきであろう。Chi et al.（1994）が開発したプロンプトは，「読んだ文がどんなことを意味しているか」，「読んだ文のどの部分が新しい情報を提供しているか」など，文の解釈や新しい情報の同定といった一般的な意味処理を促すものであった（以下，この点を踏まえ，先行研究のプロンプトを「一般プロンプト」と呼ぶ）。もちろん，一般プロンプトが仕組みと機能についての疑問生成や関連づけを促す可能性はあるが，仕組みと機能の関連づけを明示的に求めるものではなかったため，これらの観点を直接的に反映したプロンプトを用

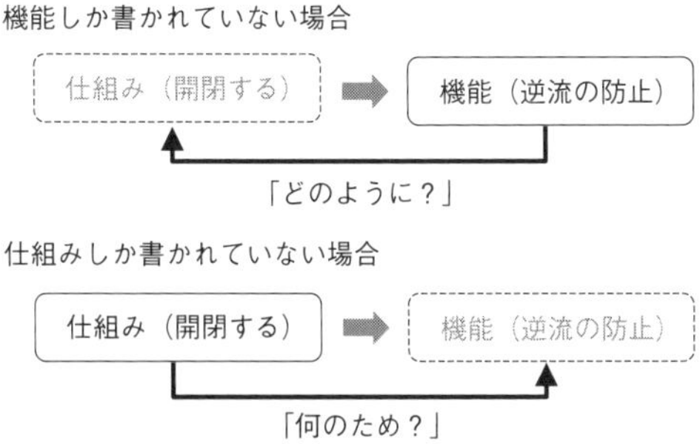

図3.3 「どのように」質問と「何のため」質問の用い方

いることで学習効果をより高めることができると考えられる。

そこで，本研究（研究１）では，仕組みについては「構成要素の機能がどのように可能になっているか」という「どのように」質問を，機能については「構成要素やその特徴は何のためにあるか」という「何のため」質問をプロンプトとして用いる。これら２つのプロンプトを使いながら学習を進めることで，仕組みと機能という観点から疑問を生成したり，情報を関連づけることが可能になると考えられる。例えば，文章を読んでいて機能についてしか書かれていない場合には「この機能はどのように可能になっているのだろう？」，仕組みについてしか書かれていない場合には「この仕組みは何のためにあるのだろう？」と疑問を考えやすくなると思われる（図3.3）。

3.1.2　研究１の検証方法

そこで，研究１では，大学生に人体の循環系に関する文章の学習を求める際，学習時に仕組みと機能についてのプロンプトを与える群（SBFプロンプト群），一般プロンプトを与える群（一般プロンプト群），プロンプトを与えない統制群を設定し，SBFプロンプトの効果を検討する。学習時には発話思考を求めることで，プロンプトがオンライン・メタ認知にどのような影響を与えたかを調べる。発話分析では，オンライン・モニタリングの指標である疑問の生成と，関連づけの指標である推論の生成に着目する。特に，仕組みと機能に関する疑問と推論を「SBF質問」および「SBF説明」として分類し，それ以外の発話と区別して影響を検討する。

また，学習の前後でテストを実施し，プロンプトが知識の獲得にどのような効果をもつかを調べる。中でも事後テストでは，文章に明示された情報を正しく記憶できたかを調べる記憶テストと，情報を有機的に関連づけられたかを調べる理解テスト（単一要素テストと複数要素テスト）を行う。単一要素テストとは，「なぜ心臓の弁は，血液の流れに合わせて開いたり，閉じたりするのでしょう」のように単一の構成要素の仕組みや機能についてたずねた設問である。複数要素テストは「体（肺を除く）から心臓に戻る静脈には，弁がついています。他の血管と違い，なぜこの静脈にだけ弁がついているのでしょう」など，複数の要素が関与する相互作用についてたずねた設問である。

仮説として，SBFプロンプト群では仕組みや機能に関する疑問（SBF質問）や関連づけ（SBF説明）の発話数が多くなる一方，一般プロンプト群では仕組みや機能に関連しない疑問や関連づけの発話数が多くなると考えられる。また，オンライン・メタ認知の活動によって仕組みと機能における関連づけが図られる結果，事後テストにおいてSBFプロンプト群の理解テスト（単一要素テスト，複数要素テスト）の成績が他のグループよりも高くなると予測される。最後に，プロンプトの有無，オンライン・メタ認知の活動，理解テスト成績という変数間の関係については媒介分析（Baron & Kenny, 1986; MacKinnon, Fairchild, & Fritz, 2007）を用いて分析を行う。媒介分析とは，独立変数がどのような変数を介して従属変数に影響したのかを調べるものである。この分析によって，SBFプロンプト（独立変数）が学習中の発話（SBF説明）を媒介して理解テスト成績に影響を与えたかどうかを検討する。

3.2　方法

3.2.1　参加者

東京都内の私立大学に通う大学生47名が実験に参加した（男性20名，女性27名，平均年齢19歳６ヶ月）。実験参加者のうち，高校在籍時に生物を履修したものが含まれたが，本実験の前に実施した予備実験によって，生物を履修した参加者にとっても適切なレベルになるよう文章とテスト項目を選定した（実際のテスト項目やプロンプトの説明文は資料として巻末に収録した)。

3.2.2　材料

デモグラフィック変数質問紙　所属大学，所属学部，学年，年齢などをたずねた。

事前テスト　「人の生命を維持する上で，なぜ血液が必要なのでしょうか」など，循環系についての基本的知識を問う質問項目（8問）を作成し，事前テストとした。

プロンプトの説明文　学習中に用いたプロンプトについて説明するため，「科学テキストを読むポイント」と題した冊子を作成した。一般プロンプト群の冊子（554字）では，Chi et al.（1994）の教示を参考に，「読んだ文がどんなことを意味しているか」，「読んだ文のどの部分が新しい情報を提供しているか」，「読んだ文は，それまで読んだこととどう関連しているか」，「読んだ文について，まだ理解していないことはないか」の4点を考えることがポイントであると記し，それぞれの質問意図を解説した。SBFプロンプト群の冊子（954字）では，具体例（掃除機）を用いながら，構成要素と仕組みと機能について説明を加え，仕組みを理解するため「構成要素の機能がどのように可能になっているか」，機能を理解するため「構成要素やその特徴が何のためにあるか」を考えることがポイントであると記した。２つの冊子を作成するに当たり，ポイント以外の点についてはできる限り同じ表現を使用した。

練習用文章　実験手続きの練習のため，「水槽の魚の生命維持」を主題とした練習用文章を用意した。文章は６文347字で，本試行用の文章と同じく，A4判１ページごとに１文を記載したものをファイルに綴じて提示した。この際，一般プロンプト群には「その文はどのようなことを意味していますか」，「その文のどの部分が新しい情報を提供していますか」，「その文は今まで読んだこととどう関連していますか」，「まだ理解していないことはありますか」という４つの質問が，SBFプロンプト群には，「それやその特徴は，何のためにあるのでしょう」，「それはどのように可能になっているのでしょう」という２つの質問が全ページの上部に付された。なお，１文ごとに学習を求めたのは発話データを収集しやすくするとともに，プロンプトを確実に使用させるためであった。

本試行用文章　Chi, Siler, Jeong, Yamauchi, & Hausmann（2001）と坂井（2001）を参考に，23文1081字からなる循環系に関する文章を作成した。内容は，循環系の基本的な構造と血液の流れについて概説したものであった。A4判1枚に1文を記載し，実験群では練習用文章と同じプロンプトをページの上部に付した。

事後テスト（記憶テスト）　事前テストと同一の8項目を用いた。質問に対する答えはすべて文章中に明記されていたため，このテストを以下では記憶テストと称した。

事後テスト（理解テスト）　学習文章に明記されていない情報について質問した項目を作成し，理解テストとした。なお，項目の一部において，Chi et al.（1994, 2001）に記載された質問を使用した。理解テストは2種類から構成され，「なぜ心臓の弁は，血液の流れに合わせて開いたり，閉じたりするのでしょう」など，単一の構成要素の仕組みや機能についてたずねたテストを単一要素テスト（6項目）とした。もう1種類の理解テストとして，「体（肺を除く）から心臓に戻る静脈には，弁がついています。他の血管と違い，なぜこの静脈にだけ弁がついているのでしょう」など，複数の要素が関与する相互作用についてたずねたテストを複数要素テスト（6項目）とした。

3.2.3　手続き

実験は個別に実施された。発話の記録についての許可を得た後，全参加者にデモグラフィック変数質問紙と事前テストへの回答を求めた（事前テストの制限時間は8分）。次に，2つの実験群に対しては発話思考の概要を伝えるとともに，プロンプトについて説明した冊子を読むよう求めた。一方，統制群の参加者には発話思考についてのみ説明した。その後，すべての群の参加者に練習用文章を渡し，ページに書かれている一文を音読した後，教示した方法で文章を学習し，よいと思ったら次のページに進むよう指示した（練習用文章の制限時間8分）。発話思考やプロンプトの実施について問題がないことを確かめた後，本試行用文章を用い，練習時と同様の方法で学習を行うよう求めた（制限時間25分）。実験群の参加者は，学習中にプロンプトの説明をした冊子を参照できた。また，学習状況を参加者間である程度統制するため，文章への書き込みやメモは禁止した。なお，１文ずつ呈示された文章は，前のページに戻ることはできたが，一度最後のページまで行った時点で学習を終えるよう教示した。学習の際，参加者の発話が10秒以上途切れた場合には，実験者より発話思考が促された。また，プロンプトを用いていない実験群の参加者には，質問に答えるよう注意がなされた。レコーダーにて学習中のすべての発話と学習時間を記録した。残り時間10分と５分の際に残り時間を知らせ，学習の途中で終了時間とならないよう配慮した。その後，事後テストとして，記憶テスト，次に単一要素テストと複数要素テストが実施された。記憶テストは８分，単一要素テストと複数要素テストは合わせて20分で実施された。一連の課題の実施に要した時間は50分から１時間15分程度だった。

3.3　結果

3.3.1　学習中の発話のコーディング

発話を指標化するための単位にはさまざまなものがあるが，本研究では細かな内容の違いを反映させるため，アイディア・ユニット（Idea Unit, IU）を分析単位とした。IUとは，統語的な切れ目により判別される文レベルの分析単位である。具体的には，伊藤・垣花（2009）や細馬（1993）が設定した以下の基準を満たした箇所を１つのIUと認定した。

①文末表現のある箇所の直後

「～です」「～ます」など。あるいは「か」「かしら」などの終助詞がある箇所。

②接続助詞の直後

「～から」のような接続助詞がある箇所。接続助詞とは，先行する表現を後続する表現へと関係づける機能をもつ助詞を指す。なお，「～から」という接続助詞が，「～だから」という対応する接続詞に置き換えられても意味が通る箇所も区切れ目とした。

③体言止め

意味的に区切れているが，「～です」などの文末表現が省略された箇所。

④「つまり」に置き換え可能な「～ということは」

「〜ということは」という表現が「つまり」に置き換えられる場合は，接続詞の役割を果たしているとみなし，その直前で区切った。

これらの基準を用いて同定したIUを，表3.1のカテゴリーに分類した。疑問文などの文の形式にかかわらず，発話に新しい情報が含まれた場合には「関連づけ」として分類した。また，同一の内容の推論が繰り返しなされた際には，別々にカウントせず，「その他」に分類を行った。これは，「関連づけ」に分類される発話数が過度に増大するのを防ぐための手続きであった。さらに，本研究では「関連づけ」の下位カテゴリーとして「SBF説明」,「その他の説明」,「誤った説明」を設けた。それ以外のカテゴリーとして設けられたのは，「言い換

表3.1　発話の分類カテゴリーと定義，発話例

カテゴリー	下位カテゴリー	定義	発話例
関連づけ	SBF説明	構成要素の仕組みと機能，要素間の関係，仕組みと機能の背景にある原理・法則に関する非明示的情報を含む発話	「弁の機能は，血液が逆流するのを防いでいる」「そういえば左心室の方が，壁が厚かったような気がするな」
	その他の説明	非明示的情報を含むが，SBF説明に当てはまらない発話	「ということは右心室から出る血液は，もう体を一回りしてきた血液」「全身から来た血液が，上から下来て」
	誤った説明	非明示的情報を含むが，その内容が誤っている発話	「(静脈は) 動脈よりは圧力とかはあまり必要ない」「(血液が心房から心室に行くと) 心室にたまっちゃうじゃん」
言い換え		文章の内容を言い換えた発話	「右心房と静脈がつながっていて」「肺動脈から毛細血管になって」
再読		文章を逐語的に再読した発話	「心房の後に心臓が収縮…」「二酸化炭素が離れ，代わりに酸素が入っていく」
疑問	SBF疑問	理解における問題を表明した発話のうち，仕組みと機能などに関する発話	「なぜ逆流することがないのかな？」「弁がついているとついていないで何が違うかが分からない」
	その他の疑問	理解における問題を表明した発話のうち，仕組みと機能などに関連しない発話	「循環系って何？」「隔壁っていうのは，どのくらいの厚さなのか？」
理解確認		新情報の同定，理解・既知の表明，情報の重要度の評価，予想や期待の確認，自身の勘違い，感情的な反応に関する発話	「毛細血管が最も壁が薄い血管であることが分かった」「動脈と静脈は聞いたことがある」
その他		途中で切れた発話，主題と関連しない連想，推論の繰り返し，実験者とのやり取りなど，上記カテゴリーに当てはまらない発話	「で，左心房が…」「これくらい口に出して読み上げた方が小中学生は覚えるんじゃないかな」

え」,「再読」,「疑問」(下位カテゴリーとして「SBF疑問」,「その他の疑問」),「理解確認」であった。学習内容に関連のない発話である「その他」は分析対象としなかった。

3. 3. 2　事前および事後テスト成績

テストの採点に関して，各項目について正しい記述があれば各1点を，部分的に正しい記述があれば各0.5点を配点した（項目ごとの配点基準は資料を参照)。各テストの満点は事前テスト8点，記憶テスト8点，単一要素テスト6点，複数要素テスト6点であった。

3つの群における事前テストの成績を示した（表3.2)。分析の結果，事前テストに群による違いは見られなかった（F (2, 44) = 0.13, *n.s.*)。よって，各群の参加者が事前に有していた生物の知識は同程度だったと考えられる。

次に，事後テストの結果を分析した（図3.4)。なお，事前テスト成績との

表3.2　事前テスト成績（括弧内は*SE*)

	統制群 (n = 16)	一般プロンプト群 (n = 15)	SBFプロンプト群 (n = 16)
事前テスト (8点満点)	2.38 (0.29)	2.60 (0.30)	2.53 (0.35)

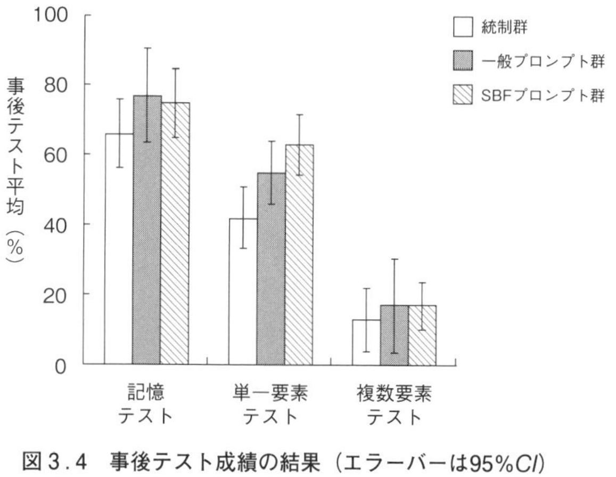

図3.4　事後テスト成績の結果（エラーバーは95%*CI*)

相関を調べたところ，いずれの事後テストにおいても低い相関しか示されなかった（rs = .07から.21，いずれも$ns.$）。そのため，事前テスト成績は共変量として用いなかった。記憶テストと複数要素テストでは，プロンプトの効果は見られなかった（記憶テストF（2, 44）= 1.60, $n.s.$，複数要素テストF（2, 44）= 0.33, $n.s.$）。一方，単一要素テストにおいては群間の差が有意であった（F（2, 44）= 3.47, p = .04）。Bonferroni法を用いて多重比較を実施したところ，統制群に比べ，SBFプロンプト群の成績が有意に高かった（p = .04, d = 0.83）。また，統計的な有意差には至らなかったものの，統制群と一般プロンプト群の比較にも中程度の効果量が認められた（$n.s.$, d = 0.61）。

また，補足的な分析として，SBFプロンプトの効果をより詳細に調べるため，単一要素テストと複数要素テストの項目ごとにSBFプロンプト群の成績と統制群の得点の差を算出した（図３.５，図３.６）。単一要素テストの結果を見ると，項目によって統制群と実験群の差が明瞭に見られるものとそうでないものがあった。得点の差が比較的に大きかったものとして，毛細血管の仕組み（項目１：「酸素と二酸化炭素の効率的な交換を可能にする，毛細血管の特徴は何ですか？」），肺の仕組み（項目３：「小さい体積で大量の血液を処理するため，肺にはどのような仕組みが備えられていますか？」），心臓の隔壁の機能（項目４：「心臓の隔壁に穴が開いてしまったら，どのような問題が生じるでしょうか？」）が挙げられる。一方，体の筋肉の役割（項目５：「長い時間ずっと同じ

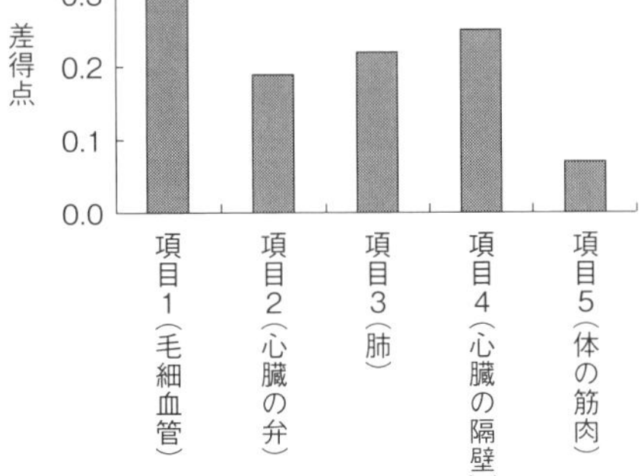

図３.５　単一要素テスト項目におけるSBFプロンプト群と統制群の差得点

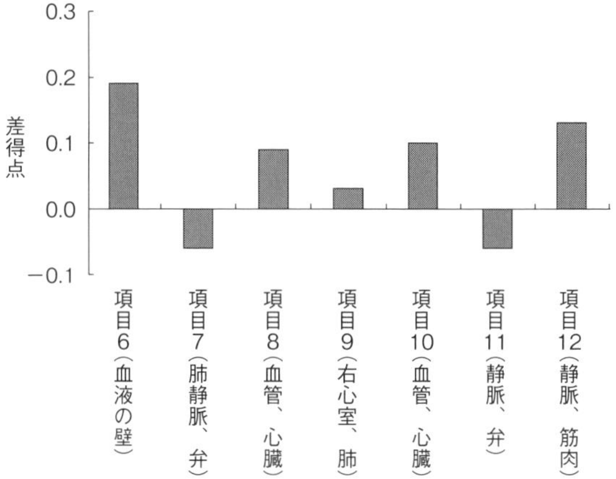

図 3.6　複数要素テスト項目におけるSBFプロンプト群と統制群の差得点

姿勢でいると，静脈を通る血液の循環にどのような問題が生じるでしょう？」）は差が小さかった。体の筋肉に関する設問では，「同じ姿勢でいると，体の筋肉が動かない」，「体の筋肉を動かさないと，静脈血がうまく流れない」というように，推論の必要が2回あったため，SBFプロンプトの効果が表れにくかったのかもしれない。複数要素テストではどの項目でも総じて点数が低く，群間の差はほとんど見られなかった。難易度が高すぎ，床効果が生じたのだと考えられる。

3. 3. 3　学習中の発話の生起頻度

前節では，事後テスト成績の中でも，単一要素テストにおいてプロンプトの効果が見出された。この効果が，学習中のどのような認知活動によって得られたのかを検討するため，学習中の発話プロトコルをカテゴリーに分類し，発話の頻度をグループ間で比較した（表3.3）。SBF説明，その他の説明，誤った説明，SBF疑問，その他の疑問については，等分散性の仮定が棄却されたため，Welchの近似法による分析を実施した。その結果，SBF説明（p = .002），SBF疑問（p = .003），その他の疑問（p = .03）において統計的に有意な差が認められた。なお，その他の説明における群間差は有意傾向であった（p = .08）。

表 3.3　学習中の発話の生起頻度（括弧内は*SE*）

	統制群（n = 16）	一般プロンプト群（n = 15）	SBFプロンプト群（n = 16）	検定統計量
SBF説明	2.25（0.54）	3.47（0.80）	8.75（1.55）	F（2, 26）= 7.80**
その他の説明	6.94（1.45）	9.53（1.28）	13.63（2.46）	F（2, 28）= 2.79†
誤った説明	1.44（0.52）	1.93（0.59）	3.44（1.12）	F（2, 28）= 1.31
再読	20.50（5.56）	19.00（6.07）	27.63（4.87）	F（2, 44）= 0.70
言い換え	25.56（6.23）	40.40（5.07）	38.63（7.81）	F（2, 44）= 1.55
SBF疑問	3.25（0.77）	4.87（1.16）	17.94（3.73）	F（2, 25）= 7.52**
その他の疑問	7.38（1.48）	25.20（6.02）	9.94（2.10）	F（2, 25）= 4.21*
理解確認	9.38（2.80）	22.47（5.16）	14.19（5.03）	F（2, 44）= 2.20

†p < .10，*p < .05，**p < .01

Bonferroni法による多重比較を実施した結果，SBF説明においてSBFプロンプト群と統制群（p < .01），SBFプロンプト群と一般プロンプト群（p = .03）の間に有意差が見られた。同様に，SBF疑問においてSBFプロンプト群は統制群（p < .01）と一般プロンプト群（p = .02）よりも高い値を示した。一方，その他の疑問においては一般プロンプト群と統制群の差が有意（p = .04），一般プロンプト群とSBFプロンプト群の差が有意傾向であった（p = .09）。その他の説明では，SBFプロンプト群と統制群の差が有意傾向であった（p = .09）。

3.3.4　学習中の発話が単一要素テスト成績に及ぼす影響

学習中の発話が単一要素テストに及ぼす影響を検討した。各発話の生起頻度を独立変数として重回帰分析（ステップワイズ法）を行ったところ，SBF説明，誤った説明，言い換えが有意となった。しかし，言い換えを多く発した1人のデータを除外して分析したところ，言い換えは有意でなくなったため，言い換えを独立変数から除き，再度分析を行った。その結果，SBF説明と誤った説明が有意だった（表3.4）。SBF説明と誤った説明の間に相関が見られたが（r = .61, p < .001），多重共線性の指標であるVIF（Variance Inflation Factor）は1.59と高い数値ではなかった。

以上より，SBFプロンプトは学習中のSBF説明を媒介として単一要素テスト成績を向上させたことが示唆された。この媒介過程を検証するため，因果ステップ分析を用いて媒介分析を実施した。この分析法は，（1）独立変数からの従

表3.4　重回帰分析の結果（数値は標準化偏回帰係数b^*と決定係数）

	単一要素テスト
SBF説明	.69**
誤った説明	−.46**
R^2	.31
adj R^2	.27

**p < .01

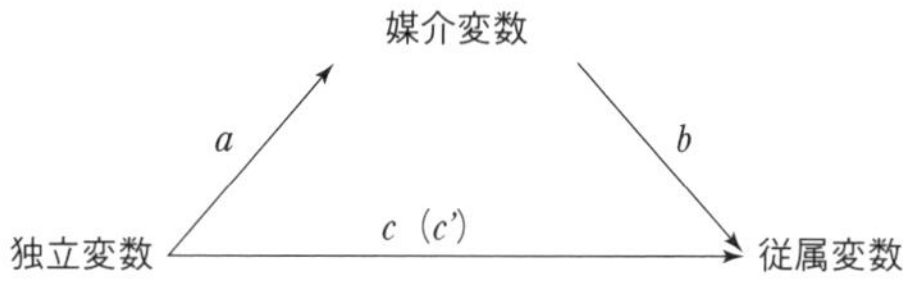

図3.7　媒介分析の枠組み

属変数への有意な影響（図3.7におけるパスc），(2) 独立変数から媒介変数への有意な影響（パスa），(3) 独立変数と媒介変数を同時に投入した際の，独立変数から従属変数への影響の減少（パスc'）かつ媒介変数から従属変数への有意な影響（パスb）を検証する3つのステップからなる（解説としてBaron & Kenny, 1986; MacKinnon et al., 2007）。因果ステップ分析を行うことで，独立変数が媒介変数によって従属変数に影響を及ぼすのか（間接効果），それとも媒介変数を介さずに直接的に影響を及ぼすのか（直接効果）を調べることができる。

まず，質的変数である実験的介入にダミーコーディングを施した。1つ目のダミー変数にはSBFプロンプト群に1を，その他2群に0を割り当てた。2つ目のダミー変数には一般プロンプト群に1を，その他2群に0を割り当てた。なお，重回帰分析の結果を踏まえ，ステップ (3) においては誤った説明も統制変数として投入した。因果ステップ分析の結果を表3.5に示した。ステップ (3) を見ると，ステップ (1) で有意だったSBFプロンプトが有意ではなくなる一方，SBF説明は有意であった。ただステップ分析では，独立変数が媒介変数を介して従属変数に有意な影響を及ぼしたか，つまり間接効果の有意性それ自体は検討の対象となっていない（MacKinnon et al., 2007）。そのため，間接効果の有意性を検討するため，間接効果を表す統計量として，パスaとパ

表3.5　因果ステップ分析の結果

媒介モデルの因果ステップ	b^*
ステップ（1）	
従属変数：単一要素テスト成績	
独立変数：SBFプロンプト	.42*
：一般プロンプト	.25
ステップ（2）	
従属変数：SBF説明	
独立変数：SBFプロンプト	.62**
：一般プロンプト	.11
ステップ（3）	
従属変数：単一要素テスト成績	
独立変数：SBFプロンプト	.16
：一般プロンプト	.21
：SBF説明	.64**
：誤った説明	−.40*

* $p < .05$, ** $p < .01$

スbの偏回帰係数の積を，パスaとパスbの標準誤差項で除したz得点を算出した。なお，パスaとパスbの標準誤差項の算出にはSobel（1982）の式（数式１）を用いた。

$$\sigma_{\hat{a}\hat{b}} = \sqrt{\sigma^2_{\hat{a}}\hat{b}^2 + \sigma^2_{\hat{b}}\hat{a}^2} \qquad (1)$$

分析の結果，媒介効果は有意であった（$z = 3.05$, $p < .01$）。

3.4　考察

事後テストの分析では，単一要素テストにおいてSBFプロンプト群が統制群よりも高い成績を示した。これは仮説を支持する結果であった。つまり，SBFプロンプトを用いることによって，構成要素の仕組みや機能についての理解が促進され，その結果，単一要素テストの成績が向上したものと考えられる。項目によってプロンプトの効果は違っていたが，これは，回答に必要な推論の数が異なるといった項目の難易度の違いに由来すると考えられた。

本研究では，オンライン・メタ認知の様相を調べる目的で，発話思考法を用いて学習中の認知過程を詳細に分析した。その結果，SBFプロンプトがSBF説明とその他の説明の生成を促進したことが示された。その他の説明も向上する傾向が確認されたのは，循環系の仕組みや機能を積極的に考えることが，それ以外の側面（例えば構成要素の位置関係など）についても考えることを促したのだと推察される。

さらに，媒介分析によって，SBFプロンプトが単一要素テストを向上させた効果は，学習中のSBF説明によって媒介されたものであることも示され，情報を因果的に関連づけることで要素の理解が促進されたことが確認された。先行研究ではオンライン・モニタリング（疑問の生成）の重要性も指摘されていたが，SBF疑問の影響は見られなかった。しかし，この結果はSBF説明を独立変数として同時に投入して得られた結果であるため，オンライン・モニタリングが学習過程において何の役割も果たしていないことを意味するわけではない。各カテゴリーの発話頻度を比較した結果からも，SBFプロンプト群においてSBF疑問が他２群よりも多く生起していたことが示されている。したがって，SBF説明に至るまでのプロセスとしては，まず文章を読んで疑問を生成してから（オンライン・モニタリング），その疑問に対して再読などのコントロールがとられ，関連づけへと至ったのだと想定される。

また，同じ循環系の理解であっても複数要素テストの成績には群間の差は認められなかった。複数要素テストの設問を見ると分かる通り（例えば「他の血管と違い，なぜこの静脈にだけ弁がついているのでしょう」），このテストに解答するためには単一の要素を正しく理解していることが前提となる。そのため，SBFプロンプトを用いることで複数要素テストの成績が高まる可能性が想定された。ところが，事後テストの成績を確認すると，いずれの群も複数要素テストの値は満点６点中１点前後と非常に低い得点であった。したがって，床効果のためプロンプトの効果が検出できなかった可能性があり，より適切なレベルの問題を用いる必要性が示唆される。複数要素テストの成績を向上させるために，単一の要素を対象としたプロンプトで十分なのか，あるいは複数の要素を対象としたプロンプトが必要とされるのかについては別途検討が求められる。

次に，一般プロンプトの効果に関して，Chi et al.（1994）やO'Reilly et al.（1998）では効果が示されていたが，本研究ではSBFプロンプトに比べて小さな効果しか見られなかった。学習中の発話を対象とした分析から，一般プロンプトによってその他の疑問は多く生成された。また，有意な効果には至らなかったものの，その他の説明も統制群よりも高い値が確認された。これらの結果から，一般プロンプトはオンライン・モニタリングや関連づけに対してある程度促進的な働きを持つものだと考えられる。しかしながら，一般プロンプトは，仕組みと機能に焦点化していないため，どのような疑問や関連づけを行えばよいかが学習者にとって明示的でない。そのため，小さな効果はあっても，理解を促す上では有効な働きかけにならないのだと考えられる。

最後に，研究1の限界を考察する。本研究の課題として，プロンプトを与えられる状況下にあっても，仕組みと機能を関連づけることに困難を示す参加者が多く見られた。同様の指摘はRenkl（1999）などの先行研究でもなされている。こうした問題に対して仕組みと機能の観点からの関連づけを直接求めるだけでなく，その関連づけを支援する更なる手だてが求められる。例えば，先行研究では，図を提示することが推論の生成を促すことを明らかにしている（e.g., Ainsworth & Th Loizou, 2003）。こうした知見を踏まえると，学習中に図をかくよう学習者に働きかけることで，プロンプトの効果をより一層高めることができるかもしれない。また，Renkl（2002）は，学習者の生成する推論がしばしば不正確なものになる原因は，既有知識が不正確もしくは欠如しているためだと考え，既有知識の少ない学習者でも推論を行えるよう，必要となる知識を参照できるハイパーリンク付きの学習環境を開発し，その効果を示している。関連づけの観点を明示的に示すことに加え，関連づけが難しい学習者には関連づけを容易にする支援を行うことが有効に働くと考えられる。

また，研究1ではオンライン・メタ認知の促進効果が示されたが，前述したように促進的な効果が得られても，その後の学習場面で学習者が自発的に関連づけを行うようになることは保証されない。したがって，オンライン・メタ認知を自ら働かせることを可能にする介入法を別途開発する必要がある。これについては第4章（研究2）において検討を行う。

第4章

本章は次の論文を加筆・修正したものである。深谷達史（2011）．科学的概念の学習における自己説明訓練の効果―SBF理論に基づく介入―　教育心理学研究，59，342-354.

オンライン・メタ認知の育成（研究２）

4．1　問題と目的

4．1．1　研究２で焦点を当てる問題

研究２では，プロンプトが与えられない状況下でも自らオンライン・メタ認知を働かせる学習者を育成するための方法を検討する。オンライン・メタ認知の育成法を検討した先行研究では，①理解を指標とした事後テストが行われていない，②疑問の生成と関連づけに焦点化した介入が実施されていない，という２つの課題が見られた。そこで，研究２では，生物学や生態学における概念をとりあげ，これらの課題を解決する研究を実施する。

なお，研究２では中学校２年生の生徒を対象とする。中学校の生徒を対象とする理由の１つは，第１章で概観したように，初等・中等教育課程において学ぶ力の育成が大きな課題となっているためである。実際，中学生の学習上の悩みをたずねた調査では，70％に近い生徒が「上手な勉強の仕方が分からない」と回答している（ベネッセ教育総合研究所，2006）。小学校から中学校に入学すると，教科内容の抽象度が増すとともに勉強すべき内容も多くなる。授業の内外で方略的に学習を進めていく必要性が高まる時期にある中学生を対象に，オンライン・メタ認知を高める方法を検討することには意義があるだろう。

研究２では，研究１でも有効性が認められた，疑問とその疑問に対する考えを生成する活動に着目する。ただし，仕組みと機能の理解を達成するためには，

何の制限もなく単に疑問や疑問への考えを記述させても不十分であろう。介入の有効性を高めるには，研究1と同様，仕組みと機能という観点から疑問と考えを生成させることが必要だと想定される。そこで研究2では，仕組みと機能という観点にしぼって疑問と疑問への考えを生成させる実験群と，観点を制限せずに疑問と考えを生成させる統制群を設定し，介入の有効性を比較する。

4.1.2　研究2の検証方法

具体的な研究のデザインとして，夏休みに地域の中学生を対象とした学習方法を学ぶ5日間の講座を開催する（こうした取り組みの全般的な意図や意義については植木・市川, 2005を参照)。5日間のうち，1日目と5日目に事前・事後テストを，2日目から4日目にかけて介入を行う。事前・事後テストでは，まず文章の学習を求め，次にその内容に関するテストを行う（テスト時の学習では介入は行わない)。このとき，事前と事後テストで同一の題材を用いると，仮に成績が向上したとしても，それが介入の効果なのか，それとも記憶や練習の効果なのかが分からなくなってしまう。そこで，テストの題材として「植物の組織」と「生態系の相互作用」という2種類の文章を用意する。さらに，2種類の文章で難易度が異なる可能性もあるため，ランダムグループデザインによる線形等化法（Kolen & Brennan, 2004）を用いて材料間で得点の調整を行う。これにより，異なる題材を用いていても適切に介入の効果を評価することが可能になる。また, テスト間で介入の効果が異なる可能性があるため, 事前に「植物の組織」，事後に「生態系の相互作用」という順序でテストを受ける条件と，逆の順序で実施する条件を設け，分析において順序の影響がないかを確認する。

2日目から4日目の介入では，疑問と疑問への考えを自発的に生成することを促すため，以下の手だてを設定する。まず，実践授業の冒頭で「科学的な文章を読むポイント」として，実験群の生徒には「どのように」質問と「何のため質問」を考えることを解説する。ポイントを明示的に示すことで，これらの方法が内容を理解する上で有効であるという認識を強められると期待される。なお，統制群の生徒には仕組みと機能という観点を示さず，単に質問とその質問への答えを作ることをポイントとして伝える。次に, テストと異なる題材（人体の様々な器官）を扱った練習用文章を用いてこれらのポイントを生徒に活用させる。その際，研究1では疑問を生成してもその疑問に対する考えを述べないまま先に進む参加者も見られたため，ワークシートには質問とその答えを記入する欄を別々に設け，問いと答えの両方を考えることを明示的に求める。さらに，生徒同士でペアを作り，読み取った内容を互いに説明しあう活動を実施する。実際に説明を行ってみることで，自分が内容をうまく読み取れたかを確かめることができると考えられる（市川, 2000)。最後に，文章に明記されていない要素の仕組みと機能も含め，教師から文章の内容について解説を行う。

分析では，5日目の事後テストの成績において実験群と統制群の間で差が見られるかを確認する。もし差が見られた場合，学習中のオンライン・メタ認知を働かせる程度が異なったのだと考えられる。本研究では集団でテストを実施するため，個々の生徒に発話思考を求めることはできないが，その代わり，テスト用文章を学習する間に考えたことをコメント欄にメモするよう求める。これによって，個々人の認知過程を捉えることが可能になると考えられる。こうした方法を用いて，コメントをカテゴリーによって分類し，SBF疑問およびSBF説明の影響について検討する。仮説として，実験群は統制群に比べて，理解テストの成績が高くなるだろう。また，SBF疑問とSBF説明を多く生成すると予測される。さらに，理解テストの成績はSBF説明によって媒介されると考えられる。また，補足的な分析として，2日目から4日目にかけた介入において生徒が記入したワークシートを分析することで，参加者が仕組みと機能の観点にどのように習熟したかを分析する。

4.2 方法

4.2.1 参加者

参加者は，都内国立大学で実施された5日間の学習法講座に参加した中学2年生だった。学習法講座は，日々の学習の仕方を見直すことを目的として実施され，地域の公立中学校および国立大学附属中学校の生徒に郵送で参加を呼びかけた。85名の参加者のうち，全日参加し，データに欠損のないものを分析対象とした。なお，実験群の1名は講座の3ヶ月前まで海外留学しており，日本語の使用に十分慣れていないとのことであったため，分析から除外した。その結果，分析対象となったのは実験群48名（男子27名，女子21名），統制群26名（男子14名，女子12名）であった。

4.2.2　材料

以下の材料を用いた。なお，テスト項目やテスト用文章，授業で用いた材料の一部は巻末に資料として収録した。

事前調査質問紙　学習法講座の約１ヶ月前に質問紙を郵送し，参加者の両親を対象に，学校における主要５教科の最近の評点をたずねた（５件法）。

テスト用文章　１日目と５日目のテストのため，２種類の文章を用意した。１つは「植物の組織」に関する944字の文章，もう１つは「生態系の相互作用」に関する960字の文章であった。文章は中学校理科の教科書（東京書籍「新しい科学」）や専門書（川口，2007; 安富，1998など）を参考に筆者が作成した。２つの文章では，植物の組織や生態系の構成要素の仕組みと機能が解説された。ただし，構成要素の仕組みや機能が明示されないこともあった。例えば，気孔に関する記述（「葉の裏には気孔があり，気孔は開いたり閉じたりします」）には，考える材料となる記述（「二酸化炭素は葉で集められます」）はあったものの，気孔の機能は明示的に示されていなかった。

テスト用文章に関する記憶テスト　短文による一問一答形式の設問4項目。文章中に答えが明記された質問（「植物の細胞は１辺およそ何ミリですか？」など）が出題された。

テスト用文章に関する理解テスト　概念理解を測定した短述形式の設問6項目。部分的な記述はなされているものの，文章中に答えが明記されておらず，推論を要する質問（「葉の裏にある気孔は，何のために開くのでしょう？」など）が用いられた。

授業用ポイント解説冊子　講座２日目に使用する，文章を読む際に意識すべきポイントを解説した冊子を作成した。実験群では「要素の機能を考える」「要素の仕組みを考える」という２つのポイントとともに，その具体的な方法として「何のため」質問と「どのように」質問を考えることが解説された（図4.1に教材の一部を示した）。一方，統制群では「質問を考える」「質問の答えを考

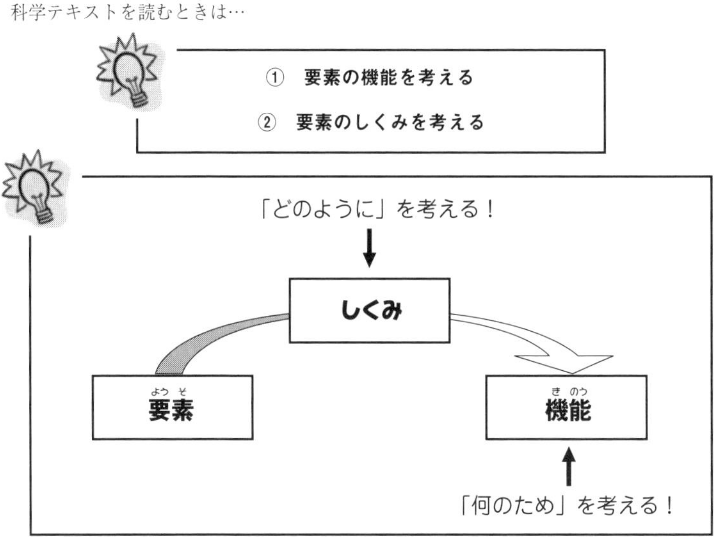
科学テキストを読むときは…
①　要素の機能を考える
②　要素のしくみを考える
「どのように」を考える！
しくみ
要素《ようそ》
機能《きのう》
「何のため」を考える！

図４.１　実験群で示した文章を読むポイント（講座２日目）

える」という２つのポイントが提示された。また，ポイントの具体的な使用法について説明するため，冊子には魚の生命維持に関する例文が含まれた。さらに，実験群には「何のため」「どのように」に関する質問が提示され，その質問に対する考えを記述するよう求められた。統制群には，質問およびその質問への答えの作成が求められた。

介入用文章　２～４日目に行われた介入授業に使用する文章を作成した。各日で「循環系」「感覚器」「消化器系」という異なる器官をとりあげ，１日の授業で２つの文章を用いた（１つの文章は約400字程度）。例えば，４日目の授業は消化器系をテーマとし，食道と胃の仕組みと機能を解説した文章と，小腸の仕組みと機能を解説した文章を用意した。文章の内容は上述した理科の教科書の他，坂井（2001）などの専門書を参考に作成した。各授業２つの文章を作成したのは，後述するように異なる文章を学習したもの同士をペアとし，学習内容を互いに説明させる活動を実施したためであった。

介入授業の文章はそれぞれ３つの構成要素について解説がなされており，そこでは各要素の仕組みと機能どちらかの情報のみが明示的に示され，どちらかは明示的に示されなかった。例えば，４日目の２つ目の文章では「小腸は効率よく消化と栄養の吸収を行う」という機能は示されていたが，その仕組みは明記されなかった。よって，生徒は「小腸と食べ物がふれあう広い面積が必要」「小腸の表面には『柔毛』が生えています」など文章中の他の記述から仕組みを推論する必要があった。また，実験群の文章には推論を促す目的で，「その要素があるのは何のため？」，「その要素はどのように機能を果たすの？」といった

要素《ようそ》	機能《きのう》	しくみ
	その要素《ようそ》があるのは何のため？ その要素《ようそ》が○○するのは何のため？	その要素《ようそ》はどのように機能を果たすの？
食道	胃へ食べ物を送る （逆立ちしても食べ物がもどらないようにする）	
胃の細胞 （第２段階）		
胃の細胞 （第３段階）		

図４.２　実験群のワークシート（講座４日目）

	テキストの情報	考えた質問
		考えた答え
食道	胃へ食べ物を送る （逆立ちしても食べ物がもどらないようにする）	
胃の細胞 （第２段階）		
胃の細胞 （第３段階）		

図４.３　統制群のワークシート（講座４日目）

質問があわせて提示された。統制群には代わりに「質問を考える」と「質問の答えをつくる」というポイントを文章中に示した。

授業用ワークシート　各授業用文章についてワークシートを作成した。ワークシートは介入授業の文章内容を整理，理解する手だてとして配布した。ただし，その構成は群間で異なっていた。実験群では機能と仕組みを記述する欄が要素ごとに設けられた（図４.２）。一方，統制群では文章に明記された情報を記す欄と，質問と答えを記入する欄が要素ごとに設けられた（図４.３）。なお，２日目においては質問と答えを考えることに集中できるよう，どちらの群でも文章中に明記された情報をワークシートに記載した。ただし，この情報は２日目から４日目にかけて段階的に減らされた。

4.2.3　手続き

参加者を無作為に３つのクラスに割り当てた。２クラスが実験群，１クラスが統制群であった。その後，事前調査質問紙でたずねた５教科の成績の平均値を算出し，その値がクラス間で均一になっていることを確認した。学習講座は隔日で計５日間実施された。授業はすべて大学の中の同一教室で，筆者本人によって行われた。なお，条件間で話すペースや内容に違いが出ないよう授業の前にリハーサルを行った。１回の授業は50分であった。１日目と５日目はテストが行われた。「植物の組織」と「生態系の相互作用」のうち，どちらかが座席の列ごとに配布された。テストは，文章の学習とその内容に関するテストという２つのフェイズから構成された。文章の学習フェイズでは，A4判１頁の上側に１段落分の本文，下側にコメント欄を記載した冊子が与えられた。参加者はコメント欄に学習しながら思ったことや考えたことを記すよう教示された。練習を行った後，１頁４分30秒の制限時間のもと，参加者は全６ページの文章の学習を行った。その後，文章を参照できない状態でテストを実施した。記憶テストは３分，理解テストは10分以内に解答を作成するよう求められた。

介入授業では，まず，２日目の授業冒頭で文章を読む際のポイントが解説された。具体的には，冊子に記されているポイントを伝えた後，例文を用いながらポイントとして示された質問とその質問への答えを考えるよう求め，ポイントをどう使うかを説明した。次に，３日間の授業の共通の流れとして，まず２

種類ある授業用文章のうち，どちらかの学習を5分行った。その際，解説されたポイントを実行しながら読むことが強調された。さらに，当該の文章に関するワークシートを配布し，記入を求めた。文章と同時にワークシートを配布しなかったのは，ワークシートを作業的に解くことを避けるためであった。その後，2つの異なる文章を読んだもの同士をペアとし，相互に学習内容を説明するよう求めた。ジグソー学習のように，異なる内容を互いに説明し合うことで，説明する必然性を高めることをねらいとした。また，説明の際，文章に明示されていないことも説明に含めるよう伝えた。学習した内容を改めてペアで説明することで，自分が正しく内容を理解できたかを確かめられると考えた。授業の最後に，筆者が各文章の内容を解説した。その際には，両群に対して明記されていない仕組みと機能についても述べた。なお，統制群へのフォローアップとして，講座最終日の事後テスト終了後，質問や答えを生成する際，どんな質問でもよいわけではなく，理解を深める重要なもの，具体的には「何のためにその働きがあるのか」,「その働きはどのように可能になるのか」という問いやその問いへの答えを考えることが重要であることを説明した。

4.3　結果

4.3.1　事前および事後テストの成績

訓練の効果を検討するため，事前，事後テストの成績を算出した。記憶テストは正答数をそのまま得点とした（満点4点）。理解テストは，模範解答を作成し解答基準を明確化した上で，各項目に1点を割り当てた（満点6点）。なお，理解テストの項目によっては0.5点という部分点を割り当てた。採点者間一致率を算出するため，教育心理学を専攻する大学院生が18名分のデータを対象に採点を行ったところ，記憶テスト（κ = .91），理解テスト（κ = .90）ともに十分な一致率が認められた。そのため，採点の信頼性は十分であると判断し，筆者の採点した値を用いた。

2種類のテストごとに，事前，事後テストの成績を示した（表4.1）。テストの難易度を統制するため，ランダムグループデザインによる線形等化法

表4．1　事前および事後テストにおける調整前の成績（括弧内は*SD*）

			統制群	実験群
事前テスト	記憶（4点満点）	植物	3.33 (0.82)[1]	3.00 (1.02)[3]
		生態系	1.64 (1.29)[2]	1.55 (0.96)[4]
	理解（6点満点）	植物	1.87 (1.83)[1]	1.65 (1.11)[3]
		生態系	2.50 (1.66)[2]	3.09 (1.52)[4]
事後テスト	記憶（4点満点）	植物	3.45 (0.82)[2]	3.36 (0.66)[4]
		生態系	2.00 (1.36)[1]	2.23 (1.14)[3]
	理解（6点満点）	植物	1.55 (1.39)[2]	2.34 (1.51)[4]
		生態系	2.77 (1.96)[1]	3.35 (1.73)[3]

[1] $n = 15$,　[2] $n = 11$,　[3] $n = 26$,　[4] $n = 22$

（Kolen & Brennan, 2004）を用いてこの得点を調整した。この調整は，文章間の平均値と標準偏差を揃えることを目的としたもので，以下の式（数式2）を用いて，事前テストの平均点が低かった文章のデータを，平均点が高かった文章の値に合わせる調整を加えた。

$$x_{i.adj} = \left(\frac{x_i - \bar{x}_{pre.low}}{S_{pre.low}}\right) \times S_{pre.high} + \bar{x}_{pre.high} \tag{2}$$

ここで，$x_{i.adj}$は調整された値，$\bar{x}$は平均値，Sは標準偏差，下付き文字の*pre.low*は事前平均点が低かった文章，*pre.high*は高かった文章を表す。この調整を事前と事後それぞれで行った。なお，事前テスト得点を基準として用いたのは，事前テスト得点は介入の影響が反映されておらず，文章の影響を調整するのにより適した基準となると想定したためであった。

また，テストの順序によって介入の効果が異なる可能性もあったため，調整されたテスト得点に対して介入×測定時期（事前・事後）×テストの順序という3要因分散分析を実施した。ここでは，「事前には介入の効果がないが，事後にはある」という介入×測定時期の1次の交互作用が訓練の効果を表すことになるため，テストの順序によって介入の効果が異なれば，2次の交互作用が有意となる。しかし，どちらのテストでも2次の交互作用は有意ではなかった（記憶テストではF（1, 70）= 0.78, *n.s.*，理解テストではF（1, 70）= 0.34, *n.s.*）。この分析を踏まえ，以下ではテストの順序を込みにした分析結果を報告した。

なお，国立大学附属中学校の生徒（n = 22）は学力選抜を経ており，公立校の生徒（$n = 52$）よりも高い事前テスト成績を示した（記憶テストは $F(1, 72) = 3.08, p = .08$，理解テストは $F(1, 72) = 12.00, p < .001$）。しかし，学力選抜の有無は本研究の主たる関心である事後の理解テスト成績には有意な相関を示さなかった（$r = .19$, *n.s.*）。選抜の有無ごとに分析を行うにはサンプルサイズが限られている上に，学力選抜の有無と介入の交互作用は有意ではなかったことから，以降の分析では学力選抜の有無を要因には組み込まなかった。

南風原（2001）によると，2群事前事後テストデザインにおける介入効果を分析する方法として，事前テストを共変量とした共分散分析と，事前から事後への変化量に対する t 検定の2つがある。Wright（2006）が指摘するように，これらの方法は異なる結果を導くものであることから，どちらの結果も報告することが望ましい。よって，本研究でもテスト結果の分析に際して，これら2つの方法による結果を記載することとする。

まず，事前テストの結果を共変量，介入を独立変数とした共分散分析を行った（群ごとの事後テストの調整平均は図4.4）。記憶テストでは事前記憶テスト（$F(1, 71) = 0.91$, *n.s.*），介入（$F(1, 71) = 0.17$, *n.s.*）ともに有意ではなかった。一方，理解テストでは事前理解テストが有意な影響を示したのに加え（$F(1, 71) = 16.89, p < .001$），介入の効果が有意傾向であり（$F(1, 71) = 2.95, p = .09, d = 0.38$），統制群に比べて実験群の理解テスト成績が高い傾向にあった。次に，事前から事後への変化量を算出した。記憶テストでは統制群 $M = 0.22$ ($SE = 0.21$)，実験群 $M = 0.51$（$SE = 0.20$），理解テストでは統制群 $M = -0.07$（$SE = 0.38$），実験群 $M = 0.51$（$SE = 0.24$）であった。分析の結果，どちらのテ

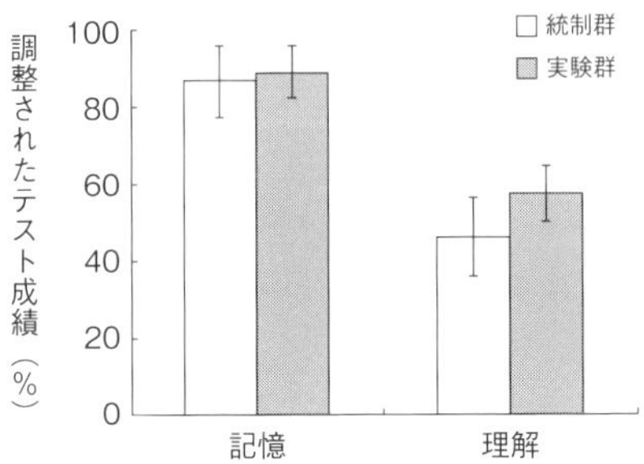

図4.4　群ごとの調整された事後テスト成績（エラーバーは95%*CI*）

ストにも統計的に有意な差は認められなかった（記憶テストは t (72) = 0.95, *n.s.*, 理解テストは t (72) = 1.37, *n.s.*）。ただし，有意ではなかったものの，変化量でも統制群に比べて実験群の理解成績の値が高かった（変化量の効果量 d_D は統制群が−0.04，実験群が0.31）。

両群の理解の様相を詳細に調べるため，テスト項目ごとの結果を図4.5（「植物の組織」），図4.6（「生態系の相互作用」）に示した。多くの項目で統制群

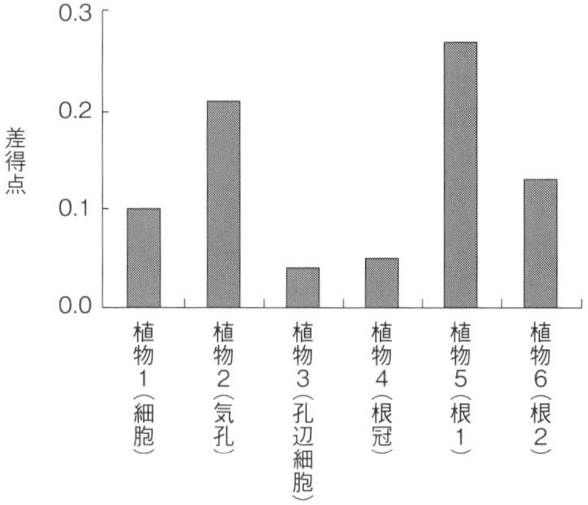

図4.5　「植物の組織」に関するテスト項目の実験群と統制群の差得点

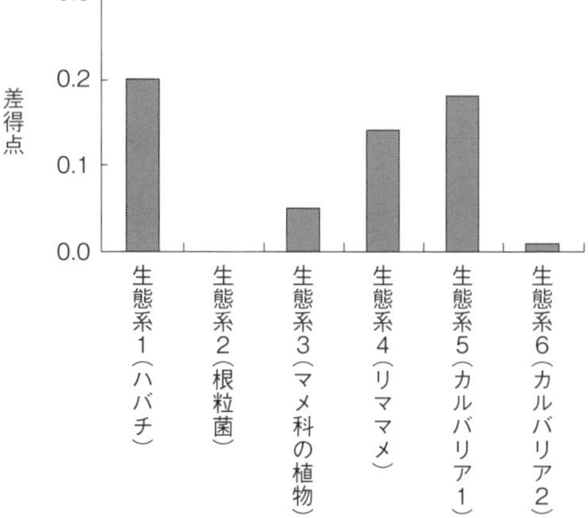

図4.6　「生態系の相互作用」に関するテスト項目の実験群と統制群の差得点

よりも実験群の値が大きかったが，差が小さい項目も散見された。例えば，植物３の孔辺細胞の仕組みは両群とも成績が低かった。この設問は，筋肉を持たない植物において，どのように気孔が開くのかをたずねたもので，孔辺細胞の特徴を関連づけるよう求めていた。孔辺細胞の細胞壁では気孔をつくる側の壁が厚くなっている。そのため，水が入ってくると薄い壁が水の力に大きくひっぱられて気孔が開くことが可能になる。しかし，この解答に至るためには,「水の力で薄い壁が大きくひっぱられる｣,「それにより気孔が開く」といった複数の推論が必要になり，そのため他の項目よりも難しかったのだと推察される。また，生態系２は根粒菌の機能についての設問であり，根粒菌とマメ科の植物はどのような協力関係をもつかを説明させたものであった。正答は,「根粒菌はマメ科の植物が細胞を作る上で必要となる窒素を作る」というものだったが,当該の段落では，それ以外にも細菌の定義なども含まれており，実験群の参加者にとってもどの情報について質問を生成すればよいのかが分かりづらかったのかもしれない。また,「ドードーが絶滅したことは，カルバリアにどんな影響をあたえますか？」という生態系６の質問は，ドードーの役割が比較的明瞭で統制群でも成績が高かったため，差が検出されなかったのだと思われた。

4.3.2　学習中のコメントの生起頻度

以下では，事後テスト成績の分析を踏まえ，一定の差が認められた理解テストに焦点を絞って検討を加えた。具体的には，テスト用文章を学習した際に記入したコメントにおいてグループ間での違いが見られたかと，コメントが理解テストにどのような影響を及ぼしたかを検討した。コメントのコード化と分類は研究１に倣った。ただし，コメントの分類において研究１で影響が見られなかった「再読｣,「言い換え｣,「理解確認」は「その他」にまとめた。よって,設定されたカテゴリーは「関連づけ」として「SBF説明｣,「その他の説明｣,「誤った説明」の３つ,「疑問」として「SBF疑問｣,「その他の疑問」の２つであった（参考のため，コメントの実例を図４.７に示した)。評定者間一致率を算出するため，教育心理学を専攻する大学院生１名が24名分のデータを対象に分類を行った。カテゴリーによってはそもそも生起頻度が低く，一致率が過度に低くなる恐れがあったため，カテゴリーごとの一致率は算出しなかった。分類

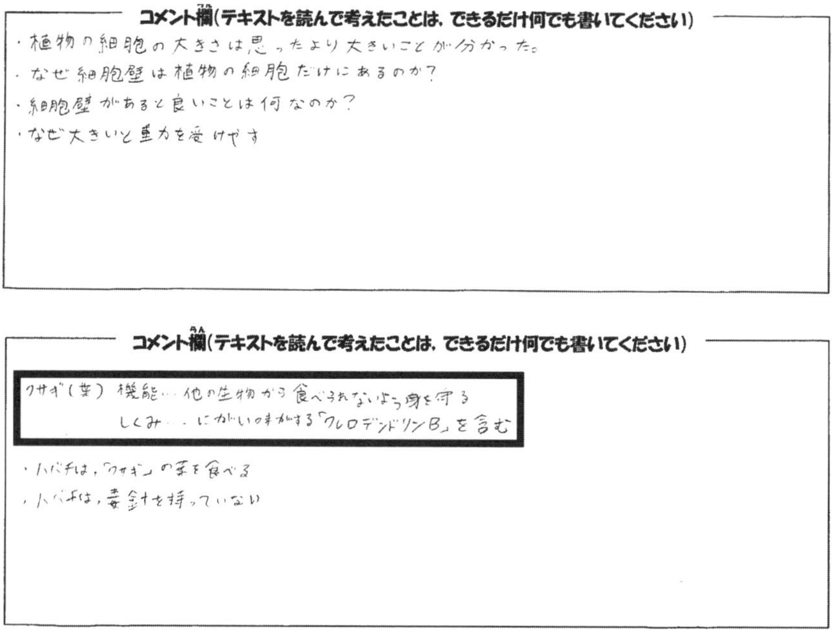

コメント欄《らん》（テキストを読んで考えたことは，できるだけ何でも書いてください）

・植物の細胞の大きさは思ったより大きいことが分かった。
・なぜ細胞壁は植物の細胞だけにあるのか？
・細胞壁があると良いことは何なのか？
・なぜ大きいと重力を受けやす

コメント欄《らん》（テキストを読んで考えたことは，できるだけ何でも書いてください）

クサギ（葉）機能…他の生物から食べられないよう身を守る
しくみ…にがい味がする「クレロデンドリンB」を含む

・ハバチは，「クサギ」の葉を食べる
・ハバチは，毒針を持っていない

注：下のコメントにおける四角囲みがSBF説明を表す

図４.７　実験群の生徒が記入したコメントの例（上：事前テスト，下：事後テスト）

の一致率は κ = .84であり，十分な値だと判断した。分類が一致しなかったものについては協議を通して分類を行った。残りのデータは筆者のみによって分類された。

各カテゴリーのコメントの生起頻度について，テスト成績同様，事前テストで生起頻度の平均が低かった文章のコメントを，高い文章の値に合わせる調整を加えた。事前・事後テストにおける，得点調整後のカテゴリーごとのコメントの生起頻度を示した（表４.２）。なお，その他の記述が研究１に比べて多くなっているが，これは，研究１と異なり，言い換えや理解確認などのコメントも含まれているためだと考えられる。

表４.２の結果について，まず事前テストのコメントを共変量，事後テストのコメントを従属変数とした共分散分析を行った結果，事後SBF説明において介入の影響が有意傾向（F (1, 71) = 2.98, p = .09），事前SBF説明の影響が有

表4.2　カテゴリーごとのコメント平均頻度（括弧は*SE*）

	n		SBF説明	その他の説明	誤った説明	SBF疑問	その他の疑問	その他
統制群	26	事前	1.85 (0.47)	4.69 (1.03)	1.92 (0.34)	3.58 (0.56)	6.62 (1.30)	11.58 (1.62)
		事後	1.69 (0.73)	3.42 (1.45)	2.15 (0.59)	2.65 (0.63)	3.58 (0.88)	13.92 (1.99)
実験群	48	事前	1.71 (0.33)	4.44 (0.61)	1.56 (0.24)	3.90 (0.50)	6.17 (0.82)	13.10 (1.76)
		事後	3.25 (0.65)	2.10 (0.44)	1.08 (0.15)	3.98 (0.61)	3.98 (0.70)	14.77 (2.47)

意だった（F（1, 71）= 13.09, p < .001）。また，誤った説明では，事前コメントは有意でなかったが，介入の影響が認められた（F（1, 71）= 4.36, p = .04）。それ以外のカテゴリーでは，事前コメントの影響は見られたものの，介入の効果は見られなかった。次に，変化量を従属変数としたt検定ではSBF説明のみが有意傾向であり（t（72）= 1.75, p = .08），実験群にSBF説明が向上する傾向が認められた。

4.3.3　学習中のコメントが事後テスト成績に及ぼす影響

事前と事後それぞれで，SBF説明，その他の説明，誤った説明，SBF疑問，その他の疑問における生起頻度を独立変数，理解テスト成績を従属変数として重回帰分析（ステップワイズ法）を行った。分析の結果を表4.3に示した。SBF説明は事前，事後ともに有意な影響を示していた。SBF疑問は事前のみで有意だった。なお，いくつかの変数間に相関が見られた（例えば，事後テストにおけるその他の説明と誤った説明の相関は.58, p < .001）が，多重共線性の指標であるVIFは1.00～1.25と低い数値だった。

以上の結果を踏まえ，研究1同様，媒介分析を実施した。質的変数である実験的介入（SBF訓練）をコード化するにあたり，実験群に1，統制群に0を割り当て，ダミー変数とした。また，前述の分析を踏まえ，ステップ（1）と（3）では事前理解テスト成績を，ステップ（2）では事前SBF説明を同時に共変数として投入した。分析の結果，ステップ（3）を見ると，ステップ（1）で有意傾向だったSBF訓練が有意でなくなる一方，SBF説明は有意であった（表

表４.３　重回帰分析の結果（数値は標準化偏回帰係数b^*と決定係数）

	事前理解	事後理解
SBF説明	$.53^{**}$	$.47^{**}$
SBF疑問	$.22^{*}$	−
R^2	.36	.22
adj R^2	.34	.21

$^{*}p < .05$, $^{**}p < .01$

表４.４　因果ステップ分析の結果

媒介モデルの因果ステップ	b^*
ステップ（1）	
従属変数：事後理解テスト成績	
独立変数：SBF訓練	$.18^{\dagger}$
：事前理解テスト成績	$.43^{**}$
ステップ（2）	
従属変数：事後SBF説明	
独立変数：SBF訓練	$19^{\dagger}$
：事前SBF説明	$.39^{**}$
ステップ（3）	
従属変数：事後理解テスト成績	
独立変数：SBF訓練	.13
：事後SBF説明	$.34^{**}$
：事前理解テスト成績	$.32^{*}$

$^{\dagger}p < .10$, $^{*}p < .05$, $^{**}p < .01$

４.４）。さらに，媒介効果の有意性を検証した。しかし，第３章で示した（1）式を用いて媒介効果の有意性を検定したところ，媒介効果は有意には至らなかった（$z = 1.46$, *ns.*）。

4.3.4　介入授業のワークシートの分析

実験群の生徒がどのように仕組みと機能の観点を習得していったのかを探索的に調べる目的で，介入授業で使用されたワークシートの記述を補足的に分析した。実験群では仕組みと機能の欄に記入された記述を，統制群では作成された質問に対する答えの記述を対象とし，表４.５のカテゴリーに分類した。実験群16名，統制群８名分のデータに対し，コメントを分類したのとは別の大学院生（教育心理学専攻）１名に分類を求め，採点者間一致率を算出した。一致率は$\kappa = .82$であり，十分な値が得られたと判断した。分類が一致しなかった

表４.５　ワークシートの記述の分類カテゴリーと定義

カテゴリー	定義
SBF説明	仕組みと機能についての非明示的情報に関する記述
誤った説明	仕組みと機能に関する考えであるが内容が誤っている記述
明示的情報	文章に明示された情報を記した記述
空欄	何も記入されなかったもの
文章外情報[注)]	文章で直接取り上げられない内容に関する記述

注）統制群にのみ見られたカテゴリー

表４.６　実験群におけるワークシートの記述の分類（括弧内は比率）

	n	SBF説明	誤った説明	明示的情報	空欄
２日目	48	0.27　(9%)	0.02 (1%)	2.60 (87%)	0.10 (3%)
３日目	47[注)]	0.66 (22%)	0.11 (4%)	2.06 (69%)	0.17 (6%)
４日目	48	0.96 (32%)	0.10 (3%)	1.79 (60%)	0.15 (5%)

注）１名分のデータは解析の不備で欠損

表４.７　統制群におけるワークシートの記述の分類（括弧内は比率）

	n	SBF説明	誤った説明	明示的情報	文章外情報	空欄
２日目	25[注)]	0.84 (28%)	0.08 (3%)	1.00 (33%)	0.12　(4%)	0.96 (32%)
３日目	26	0.35 (12%)	0.08 (3%)	0.81 (27%)	0.77 (26%)	1.00 (33%)
４日目	25[注)]	0.80 (27%)	0.16 (5%)	0.60 (20%)	0.92 (31%)	0.52 (17%)

注）１名分のデータは解析の不備で欠損

ものについては協議を通して分類を行い，残りのデータは筆者が分類した。

ワークシートの記述の分類結果を表4.6（実験群）と表4.7（統制群）に示した。ここでは，両群共通のカテゴリーで，本研究の焦点でもあったSBF説明について検定を行った。授業では各日程２つの文章を用いたが，すべての日程で文章の主効果が見られた（$Fs > 4.13, p < .05$）。そのため，SBF説明を従属変数，文章の種類を独立変数とした回帰分析によって，SBF説明から文章の種類の影響を取り除いた標準化残差を算出し，これを従属変数として分析を実施した。訓練の日程を被験者内，介入を被験者間要因にした分散分析を実施した。その結果，訓練の日程と介入の交互作用のみが統計的に有意であった（$F(2, 140) = 12.81, p < .001$）。

訓練の日程の単純主効果は，実験群（$F(2, 69) = 5.32, p < .01$），統制群（$F(2, 69) = 9.75, p < .001$）ともに有意であった。多重比較の結果，実験群では授業

2日目よりも3日目（$p < .001$）および4日目（$p < .01$）の値が高かった。一方，統制群では授業2日目よりも3日目（$p < .01$），4日目（$p = .08$）の方が低かった（ただし，4日目との比較は有意傾向）。次に，自由度を調整し，介入の単純主効果を検討したところ，2日目には統制群の生徒が有意に多くのSBF説明を記述したが（$F\ (1, 179) = 14.73, p < .001$），3日目では逆に実験群の参加者が有意に多くのSBF説明を記入する傾向があった（$F\ (1, 179) = 3.52, p = .06$）。4日目も実験群のSBF説明が統制群よりも多かったが，有意な差にはならなかった。

4.4　考察

研究2では，記憶と理解に関する2種類のテストを用いてオンライン・メタ認知を育成する介入授業の効果を検討した。その結果，事後理解テストにおいて，事前理解テスト成績の影響を除いたところ，実験群が統制群よりも高い成績を示す傾向が見られた。また，統計的に有意な値とはならなかったが，理解テストの変化量においても実験群に高い効果量が示された。このように，有意確率に違いがあるが分析法によっては有意な傾向が示された。この結果は，事後テストにおいて，実験群の生徒が実験者から求められずとも自ら仕組みや疑問についての疑問を生成し，文章中の情報を用いてその疑問への答えを追及するようになったことを示唆するものである。他方，記憶テストでは介入の効果は見られなかったが，記憶テストは文章中に明記された構成要素の名称や仕組み・機能以外の特徴をたずねたもので，そもそも本研究の介入はこれらの情報の獲得を主眼としていなかった。そのため介入の影響が見られなかったのだと考えられる。

テスト中に記述を求めたコメントの分析においても，実験群の生徒がより適切に関連づけを行ったことが示唆された。まず，実験群の参加者はSBF説明をより多く生成する傾向にあった。加えて，共分散分析の結果から，実験群では誤った説明の生成が統制群に比べて少なかったことも見出された。誤った説明を減らすことを直接的なターゲットとして介入を行ったわけではないにもかかわらず，誤った説明の生成が抑制されたという結果は興味深い。実験群の参加者は，仕組みや機能に関する問いを持つことで，仕組みや機能を考える上で参考になる情報により焦点を向けるようになったのかもしれない。一方，統制群の参加者は焦点化された問いを立てなかったために，文章中の情報をうまく用いることができず，質問への解答が不正確になってしまった可能性がある。

また，訓練中のワークシートの分析においても，実験群のSBF説明の量は２日目から３日目，４日目にかけて向上しており，実験群の生徒が徐々にSBF説明を多く生成できるようになっていったことが読み取れる。対照的に，統制群では，２日目に多くのSBF説明が生成されていたものの，そうした傾向が他の日程でも見られたわけではなかった。ただし，事後テスト成績に及ぼす介入の効果量は大きくはなく，媒介分析の結果も有意とならなかった。この点についての考察は後述する。

オンライン・モニタリングの働きについては，テスト中のコメントの記述を分析する際にSBF疑問のカテゴリーを設けたが，疑問の生成量はグループ間に違いが見られず，理解テスト成績への影響も確認されなかった。研究１と異なり，疑問コメントの頻度において群間差が見られなかった理由として，研究２では考えたことをコメントとして記させたという手続きの違いが影響した可能性が挙げられる。考えたことをオンラインで発話する発話思考法を用いれば，文章を読んで疑問が浮かべばそれがそのまま表明される。しかし，今回のようなコメント形式では，疑問が浮かんだとしても，その疑問を解消する何らかの考えが浮かべば，考えのみがコメントとして記され，疑問は省略されてしまうかもしれない。先行研究でも，タイピングと発話で産出されるコメントが異なったという結果が示されており（Muñoz, Magliano, Sheridan, & McNamara, 2006），今回用いた測定法が疑問における群間差を検出するのに適していなかった可能性がある。また，事後テストではSBF疑問のテスト成績への影響は見られなかったが，研究１と同様，この結果はモニタリングが学習過程に何の役割も果たしていないことを意味するわけではないだろう。

なお，研究２のテストの題材が教科書で扱う内容を超えたものを多く含んでいたことを踏まえると，研究２は，学習者が既有知識を十分保持していない領域において介入効果を示したといえる。しかし，この結果は，既有知識を持たない題材では訓練の効果が見られなかったというMcNamara（2004）の知見と一貫しない。結果の不一致を生んだ原因の一つとして文章中の情報量の違いが挙げられる。本研究で扱った文章は，関連づけに必要な情報が本文中に記されていた。そのため，仮に学習者がその情報を既有知識として保持していなくとも，情報を関連づけることが可能であったと考えられる。例えば，生態系の文章では，ハチの一種であるハバチがクサギの葉を食べる理由をたずねた質問が設けられていた（正答は「(ハバチが身を苦くして）他の生物から身を守るため」)。この設問に関する情報として，文章中には「ハバチは苦い物質を含むクサギの葉を食べる」などの情報が記されており，この情報をもとに生徒は「クサギの葉を摂取することで自身の身を苦くできる」と情報を関連づけることができたと考えられる。このように，既有知識の影響は，本文中にどのような情報が含まれるかによっても異なる。そのため，今後の研究には本文中の情報という要因も含めた，より体系的な検討が望まれる。

最後に，研究２には課題も残された。第１に，効果は見られたものの，その効果量は大きいものではなく，また，両群とも標準偏差が大きかったことから，効果には個人差も存在したと考えられる。したがって，今回の訓練によってすべての生徒がSBF理論の枠組みに習熟したとは言い難いだろう。訓練の効果が高くなかった要因の１つに，訓練として用いられた材料と，テスト時に用いられた材料の違いが挙げられる。本研究では，訓練時には人体の器官系が，テスト時には植物や生態系についての文章が用いられた。学んだ知識・技能を異なる状況で応用する「転移」（transfer）という現象を扱う領域では，元の学習題材との内容の違いが転移を阻害するとされている（Barnett & Ceci, 2002)。この点を考慮すると，類似性の高い内容を数多く経験し，徐々にその適用範囲を拡張していくことが，SBF理論のような因果関係を捉える枠組みに習熟させる有効な方法かもしれない。

２つ目の課題として，介入の適用範囲の問題が挙げられる。SBF理論は，本研究で取り上げた生物学の内容の他，複数の部品からなる日常的な機械や道具，三権分立などの社会システムなどに応用できると考えられるが，汎用性が高い一般プロンプトに比べると適用範囲が広いわけではない。ただし，複雑な現象を扱う専門的領域においては，領域固有の知識や現象を捉える因果的な枠組みを理解することが，その領域の熟達化において重要な役割を果たすと考えられる。つまり，学習において重要な情報を見分けることができれば，効率的かつ効果的に領域固有の知識を獲得していけるだろう。例えば，心理学の論文を読む際にも，独立変数，媒介変数，調整変数といった，因果関係を捉える枠組みを意識することは研究論文をよく理解する助けとなる（同様の主張として南風原，2011）。一方，一般プロンプトは，専門的領域の学習においては相対的に低い程度しか知識獲得に寄与しないと考えられるため，どちらのプロンプトを用いるかは教育目標に合わせて考える必要がある。また，SBF理論を直接適用できる範囲は広くなくても，本研究の介入を，因果関係に関する問いを発し追及することを学習する機会としてより広い文脈から位置づけることもできる。つまり，読んだことを丸暗記するのではなく，「なぜ」を考え意味を理解することを学ぶ場として捉えれば，今回の介入の適用範囲は必ずしも特殊な材料にのみ限定されたものではないといえるだろう。

最後に，第３章（研究１）と第４章（研究２）では，学習中の疑問生成と関連づけというオンライン・メタ認知の介入の効果を検証したが，オンライン・メタ認知を活発に行っても，学習後のモニタリングが的確になされるかは明らかではなかった。実際の学習場面を思い起こせば明らかなように，１度の学習で内容を深く理解できることは必ずしも多くない。西林（2005）が指摘するように，学習とは，現象を解釈し，自身の解釈の不備を認識し，再度解釈を試みるという循環的なプロセスである。学習のそうした側面を踏まえると，学習後に自身の理解度を正確に把握することは重要な課題であろう。第Ⅲ部では，学習後のメタ認知の働きについて焦点を当て，その働きを促進，育成する方法について検討していく。

第Ⅲ部
オフライン・メタ認知の促進と育成

第5章 オフライン・メタ認知の促進Ⅰ（研究3）

本章は次の論文を加筆・修正したものである。Fukaya, T. (2013). Explanation generation, not explanation expectancy, improves metacomprehension accuracy. *Metacognition and Learning*, 8, 1-18.

5.1 問題と目的

第Ⅱ部では学習するまさにその最中で働くオンライン・メタ認知に対する介入策を検討してきたが，第2章で述べたように，仮にオンライン・メタ認知を活発に働かせたとしても学習後の理解度判断の正確さは向上しない可能性も存在した。さらに，第2章では情報をインプットする過程のみならず情報をアウトプットする過程を促すことで，理解度判断の正確さを向上させられるという予測を示した。研究3では，「学習内容の説明」という介入方法に着目し，これらの仮説を実証的に検討する。

5.1.1 研究3で焦点を当てる問題

学習後に「自分がどの程度理解できたか」を評定させても，その評定が必ずしも実際の理解状態と一致しないという問題に対して，これまでの研究において，再読や要約・キーワードの生成，概念地図の作成などさまざまな介入法が提案されてきた（Thiede et al., 2009）。しかし，これらの介入では，オンライン・メタ認知を促進することによる効果と，学習後に改めて学んだことを思い出す効果が混在しており，どのような要因がオフライン・モニタリングを促すのかが明らかでなかった。こうした課題に対して，研究3では介入方法として学習内容を自分で説明する活動に着目する。学習内容を説明する過程は，インプットとアウトプットの2つの段階に分けることが可能であり（深谷，2011），オ

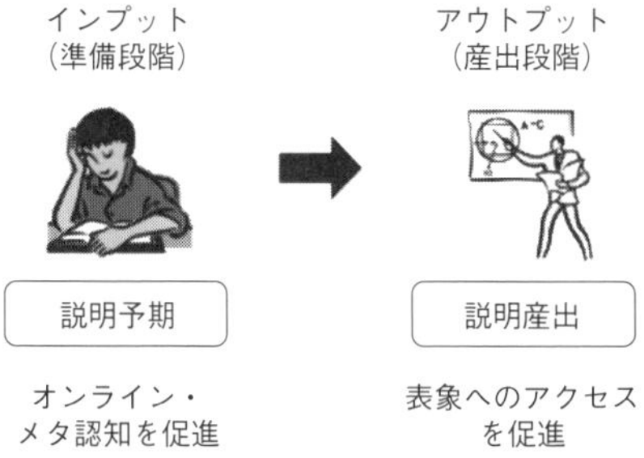

図５.１　学習内容を説明する過程と想定される効果

フライン・モニタリングを促す要因を検討する介入の枠組みとして適している。説明の２つの段階とは，後で説明することを予期しながら学習するというインプット（説明準備）の段階と，実際に説明を産出するというアウトプット（説明産出）の段階である（図５.１）。

なお，説明の過程を２つのプロセスに分けそこで生じる効果を検討することは，教育実践に対する示唆を引き出す上でも重要である。詳しくは第８章の総合考察にて述べるが，平成24年度から全面実施された学習指導要領において「言語活動の充実」という方針が示されたことから，教育現場では「学習した内容を生徒自身が説明する」という活動が関心を集めている（実践的な取り組みの報告例として森田，2004，2006; 日本初等理科教育研究会，2005など）。しかし，教育現場ではなぜ説明活動が重要か十分認識されないまま活動だけが導入されることがあるという指摘もあり（森田・植阪・深谷・村上・清河，2009），どういったことをねらいとして説明活動を求めるかが教育現場において模索されている。こうした状況において，説明のそれぞれの過程でどのような効果が生じるのかを明らかにすることは，説明活動のねらいを明確化する上でも有用であろう。

それでは，説明準備と説明産出の各段階でどのような効果が生起すると考えられるのかを詳しく考えたい。図５.２に想定される効果を示した。説明準備の段階では，説明を予期することで，「説明ができるようにしっかりと学習しよう」という意識が喚起され，学習中のモニタリングや関連づけなどのオンライン・メタ認知が促進されると考えられる。なぜなら，他者に的確に説明を行

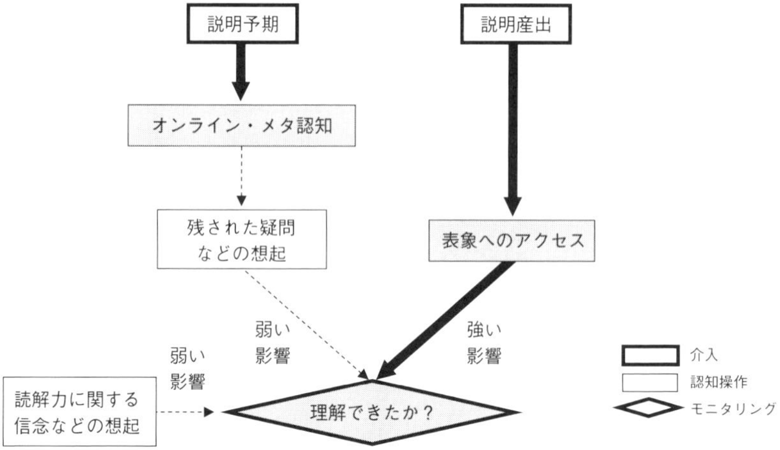

注）グレーの箇所は説明予期と説明産出の影響を受けると想定される過程を表す

図5.2　説明予期と説明産出において想定される効果

うためには，文章の分かりにくい箇所を自ら補足したり，構造を整理したりすることが求められるためである。ただ，学習中に積極的にメタ認知を働かせたとしても，学習後にあらためて自身の理解度を判断する際には，「残された疑問がないか」など学習中に得られた自分の理解状態に関する手がかりを改めて想起したりせず，表面的な手がかりを用いて判断を下してしまう可能性があるといえる。

他方，説明を実際に産出する場合には，その過程で直接的に学習内容を思い出すことが求められる（図5.2）。もちろん，多くの場合，学習したすべての文章が適切に理解されているわけでなく，理解を達成できた内容とそうでない内容が混在する。しかし，それを外化することで，うまく理解できた文章は内容を説明できるが，理解できなかった文章は説明できないという状況が可視化される。そのため，学習者本人も自身の理解状態を把握でき，オフライン・モニタリングが的確になされると予測される。関連して，市川（1993）も自らの理解状態を確かめる学習方略として，学んだことを弟や妹などに分かりやすく教えるつもりで説明してみる「仮想的教示」という方略を提案している。

5. 1. 2　研究３の検証方法

研究３では，γ係数を指標としてオフライン・モニタリングの正確さを高める要因を明らかにするため，参加者に対して複数の文章についての学習，理解度判断，テストという一連の作業を行うよう求める。介入として，説明を予期しながら学習するだけの説明予期群と，学習直後に学習した内容を説明する説明産出群を設ける。

さらに研究３では，異なる統制群を設定した２つの実験（研究３a，研究３b）を実施する。研究３aは，統制群としてキーワード産出群を設定する。キーワード産出群を設定するのは，どのような外化活動がオフライン・モニタリングを促すかを確認するためである。学習したことを想起し外化さえすれば効果が生じるのなら，説明産出だけでなくキーワード産出にも効果が見られると思われる。しかし，先述したように，学習直後にキーワード産出を行う場合，十分理解していない内容でも短期記憶に残された断片的な情報を使いキーワードが産出できる。そのため，キーワード産出は理解度判断の正確さを向上させないと予測される（e.g., Thiede & Anderson, 2003）。キーワード産出群を統制群とすることで，外化そのものではなく，説明産出が重要であることを示すことができると思われる。一方，説明予期と説明産出の効果を比較するためには，何の介入も行わない統制群も設ける必要がある。そのため，研究３bでは，単に文章を学習するだけの統制群を設定し，キーワード産出は求めない。

また，どの程度学習した内容が理解できたかをたずねる際，「何をもって理解したとするか」という理解の基準が個人によって異なってしまう可能性がある。そうした状況を避けるため，本研究では理解度判断を求める際，理解とはどのような状態を指すのかを教示した上で判断を求める。用いる文章は，道具や機械の働きを可能にする仕組みを図説したものを用いる。この文章では，ある部品（パーツ）が何らかの働きをするというステップが組みあわさり，全体の働きが可能になることが解説される。したがって，これらの文章を完全に理解した状態とは「どんなパーツが，どんなステップで，どんな働きをするのかを正しく理解した状態」であり，まったく理解していない状態とは「ほとんどのパーツ，ほとんどのステップ，ほとんどの働きが分からない状態」となる。

実験では，具体的な例も用いてこの基準について教示する。さらに，説明産出においてもステップごとに仕組みを説明するよう求める。この教示によって学習者は何を説明すべきかを明確に理解することができると考えられる。第３章（研究１）の知見からも，何を説明すべきかを明瞭化することはメタ認知の促進に有効だと想定される。その意味で，この教示はSBFプロンプトに類似した介入と位置づけることができる。

さらに，研究３では，説明予期や説明産出といった介入の効果に加えて，学習者がもともと扱われる題材について知識を保持しているかどうか(既有知識)の影響をあわせて測定する。扱われる文章のうちある文章について既有知識を保持していれば，その文章の理解度をより高く評定するだろうし，既有知識を用いることで実際に理解を達成できる可能性が高い。既有知識のような，介入以外で従属変数に影響を与える要因を測定しておけば，分析においてその影響を統制することが可能となる。なお，先行研究ではγ係数に既有知識は影響を与えないともいわれている（Griffin, Jee, & Wiley, 2009）。しかし，Griffinらの研究で示されているのは，野球に詳しい人が野球のルールを解説した復習の文章を学習しても高いγ係数を示すわけではないということであり，材料が野球のみならず復習の領域を扱っていれば，既有知識はγ係数の向上に寄与すると考えられる（Glenberg & Epstein, 1987）。したがって，本研究でも複数の文章のうちいずれかの文章についての既有知識を持っていれば，その参加者を既有知識有りと分類し，その影響を考慮して分析を行う。

5.2　研究3a：方法

5.2.1　参加者

東京都内の大学に通う大学生・大学院生39名が実験に参加した（男性22名，女性17名，平均年齢22歳２ヶ月）。参加者をキーワード産出（統制）群，説明予期群，説明産出群に割り付けた（各群13名）。なお，３名の大学院生は数が群間で等しくなるよう均等に割り付けられた。

5.2.2　材料

文章　道具と機械の仕組みを図解した５つの文章を用いた。文章と図は“*The Way Things Work*”というタイトルの本とCD-ROM（Kindersley, 1996および Macaulay, 1988）を分かりやすくするよう多少改変した上で用いた。各文章は５文（約200字）からなった。材料となった道具と機械は，体重計（練習試行用），ファスナー，シリンダー錠，グランドピアノ，シートベルト，トイレタンクであった。各文章では，道具と機械の機能とその機能を可能にする仕組みが解説された。例えば，トイレタンクの「便器に水を流す」という機能は以下のステップで可能であるとされた（図５.３も参照）。

①ハンドルを引くと，タンクの中の円板が水を押し上げる
②水がサイフォン管を通ると，タンク内の水が便器に流れ続ける
③水位が下がると，タンク内のフロートが下がる
④フロートが下がると，タンクに水が流入する
⑤フロートが上がると，給水が止まる

理解度評定　道具と機械の名称を示して，「以下のモノの仕組みについて，どの程度理解できたと思いますか？当てはまる数値に１つだけ丸をつけてください」という教示文を与えた。評定は１（「まったく理解していない」）から７（「完

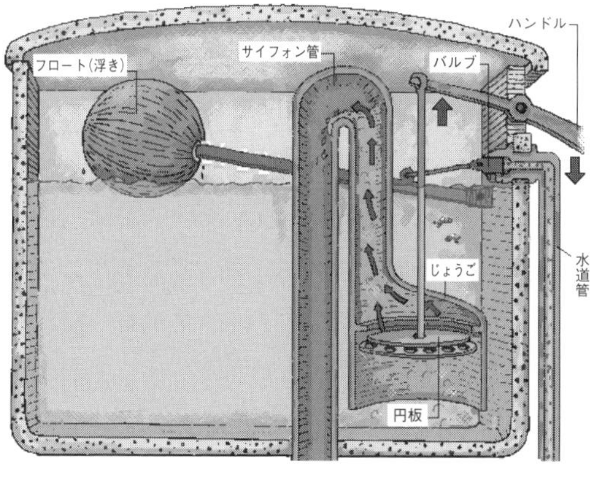

図５.３　トイレタンクの仕組みを表す図（Kindersley, 1996を一部改変）

全に理解している」）の7件法であった。

理解テスト　学習した仕組みを自分の言葉で説明する課題を理解テストとして用いた。具体的には，「トイレタンクが水を流したり貯めたりする仕組みをステップごとに説明してください」というように，道具や機械の働きがどう可能になるのかをステップごとに説明するよう求めた。練習用文章を含む6つのテストが作成された。A4判1枚の用紙に図を描くスペースと説明文を書くスペースを設けられた。さらに，モノの仕組みが理解できたかをより直接的に測定するため，用紙の下部に回答するのに推論を必要とする記述テストを各文章1項目設けた。例えば，トイレタンクについては，「フロートが下がるとタンクに水が入るのはなぜですか」という質問を作成した。

既有知識評定　学習した道具と機械の名称を示し，もともと仕組みを知っていたものがあれば名称の横に位置する括弧に丸をつけるよう求めた。なお，既有知識の測定は学習，理解度評定，テストに続いて実施したが，学習後に既有知識の測定を行うと，実験以前から保持していた知識と学習により新たに獲得した知識の弁別が困難になるという指摘があるかもしれない。しかし，Rozenblit & Keil（2002）の実験によると，大学生は学習後にも実験前の既有知識の状態を正確に評定できたことが示されている。さらに，Rozenblit & Keil（2002）は学習やテストの前だと，学習者は仕組みの理解を過大評定しやすいことも報告している。これらの結果を踏まえ，本研究では，実験の最後に既有知識の評定を求めた。

5.2.3　手続き

実験は個別に実施された（概要は表5.1参照）。まずすべての群の参加者に課題の概要が説明された。特に，理解度評定については，評定の基準を明確にするため，具体例（ホッチキス）を用いながら，7（「完全に理解した」）は「どんなパーツが，どんなステップで，どんな働きをするのかを正しく理解した状態」であり，4（「どちらでもない」）は「一部のパーツが，一部のステップで，一部の働きをすることしか理解していない状態」，1（「まったく理解していない」）は「ほとんどのパーツ，ほとんどのステップ，ほとんどの働きがぬけている状態」であると説明した。また，理解テストへの記述を促すため，参加者

表５.１　実験3aの手続きの概要

説明予期群	キーワード産出群	説明産出群
教示，練習試行		
学習 1	学習 1	学習 1
学習 2	キーワード産出 1	説明産出 1
⋮	学習 2	学習 2
学習 5	キーワード産出 2	説明産出 2
	⋮	⋮
	学習 5	学習 5
	キーワード産出 5	説明産出 5
理解度評定 1－5		
テスト1－5		
既有知識評定 1－5		

には図と文だけを見ても他の人が理解できるよう正確にテストの回答を作成するよう教示した。

説明産出群には，それぞれの文章を読んだ直後に，学習した内容について説明を行ってもらうことを伝えた。その際，実験後に学習内容を知らない大学生に聞いてもらい，正しくモノの仕組みが理解できるかを評定してもらうため，他の人が理解できるよう正確に分かりやすく説明するよう求めた。さらに，説明の方法として，まず用紙に図を書きこみ，その図を見ながらICレコーダーに口頭で説明してもらう旨を教示した。一方，説明予期群には，テストの後に説明産出課題を行ってもらうことを伝えた以外は説明産出群と同じ教示を行った。統制群には，各文章を学習した直後に，モノの仕組みについて重要だと感じたパーツの名前や概念について３つから５つのキーワードを作成するよう求めた。説明あるいはキーワードを産出する間，元の文章を参照することはできないことも伝えた。

続いて一連の手続きの流れを確認する目的で練習試行を実施した。練習試行ではジッパーの仕組みを解説した練習用文章を用いて学習，理解度評定，理解テストが行われた。なお，練習時には，説明予期群に対してテストの後，実際に説明産出が求められた。本試行では，５つの文章が用いられ，参加者は学習×５，理解度評定×５，理解テスト×５の順に課題を遂行するよう求められた。

学習では，予備実験をもとに設定された制限時間が課せられた（各文章2から3分）。なお，順序効果を避けるため，5つの材料をランダム化し，3つの順序のパターンを生成した上で，3つのパターンに参加者を無作為に割り当てた。説明産出群と統制群は，各文章を学習した直後に説明もしくはキーワードを産出した。説明産出群における口頭での説明はICレコーダーによって記録した。次に，学習時と同じ材料順で理解度評定，テストへの回答を行った。理解度評定には制限時間はなかったが，テストには各材料に対して5から6分の制限時間が設けられた。なお，この制限時間も予備実験をもとに設定された。テストへの回答後，既有知識を測定する目的で，参加者は各題材についてその仕組みを学習以前より知っていたかどうかを評定するよう求められた。

5.3　研究3a：結果と考察

5.3.1　理解テストの採点

理解テストの採点にあたっては，事前に作成した採点基準に基づき，説明文，図，推論質問のそれぞれで正しくステップが同定されているかを評定した。説明文，図，推論質問のうち1つでも正しく同定されていなければそのステップは不正解とした。例えば，説明文で「フロートが下がると，バルブが外れてタンクに水が入る」と書きながら，図ではフロートが描かれていない場合は得点を与えなかった。また，推論質問に適切な回答がなされていない場合にも，推論テストで問われたステップを理解していないものと見なし，得点を与えなかった。

もともと文章に記されているステップ数は題材によって異なっており，例えばジッパーのステップ数は3，シリンダー錠は4，シートベルトは5であった。したがって，単純に参加者が正答できたステップ数をテスト成績とすることはできなかった。そこで，題材のステップ数を分母，参加者が正確に解答できたステップ数を分子とし，その割合によって0（全く理解していない），1（部分的に理解している），2（大半を理解している），3（完全に理解している）まで理解状態を得点化した（表5.2）。採点者間一致率を算出するため，教育心

表5.2　理解テストの採点コード表

正解ステップ数の割合	記述語	得点
0	全く理解していない	0点
0.2から0.5	部分的に理解している	1点
0.6から0.8	大半を理解している	2点
1	完全に理解している	3点

理学を専攻する大学院生が13名分の回答を独立に採点した。その結果，κ係数は十分な値であった（κ = .76)。なお，不一致の回答については両者が議論して得点化した。また，残りの回答は筆者が採点を行った。

5.3.2　理解度評定とテスト成績

まず，理解度評定とテスト成績それぞれの平均値と標準誤差を表5.3に示した。分散分析によって理解度評定値とテスト成績の統計的有意差の有無を検討したところ，理解度評定においても（F (2, 36) = 0.06, *ns.*)，テスト成績においても（F (2, 36) = 0.50, *ns.*）有意差は得られなかった。したがって，説明予期および産出は，キーワード生成に比べて理解度評定の値やテスト成績そのものを向上させるわけではないと考えられた。

さらに，表5.3では理解度評定とテスト成績における特異値（unique values）を示した。特異値とは，Maki, Willmon, & Pietan（2009）によって提案された，個人内散布度の指標であり，離散変数上のとりうる値のうち，実際に観測された値の絶対数を指す。例えば，4回の理解度評定（7件法）のうち，

表5.3　理解度評定とテスト成績，特異値の平均値（括弧内は*SE*)

	キーワード産出群 (n = 13)	説明予期群 (n = 13)	説明産出群 (n = 13)
理解度評定 （7点満点）	4.60 (0.26)	4.62 (0.17)	4.72 (0.26)
テスト成績 （3点満点）	1.79 (0.13)	1.74 (0.14)	1.92 (0.14)
理解度評定特異値 （5点満点）	3.23 (0.17)	3.31 (0.24)	3.08 (0.18)
テスト成績特異値 （4点満点）	2.62 (0.14)	2.77 (0.12)	2.46 (0.14)

「1，1，2，2」という値が観測されれば特異値は2，「1，2，5，6」という値が観測されれば特異値は4となる。こうした指標が重要であるのは，理解度評定やテスト成績の個人内散布度が低いと，相対的正確さが過度に低くなってしまうことが指摘されるためである（Schwartz & Metcalfe, 1994）。分析の結果，表5.3を見ても分かる通り，理解度評定とテスト成績どちらにおいても特異値の群間差は認められなかった（理解度評定は F（2, 36）= 0.18, *ns.*; テスト成績は F（2, 36）= 1.29, *ns.*）。したがって，もし γ 係数にグループによる違いが認められたとしても，その原因を個人内散布度の違いに帰すことはできない。次に，研究3の主な焦点である γ 係数について分析を行った。

5.3.3　理解度評定の正確さ（平均γ係数）

理解度判断とテスト成績の個人内順序連関係数として個々の参加者において γ 係数を算出した。前述した通り，γ 係数は－1から＋1の値をとり，＋1が完全な正の連関を表す値である。分析では，群ごとに γ 係数の平均値を出した上で，既有知識の有無を共変数とした共分散分析を実施した。既有知識は，5つの題材のうち，1つでも仕組みを知っていたと評定した参加者には1を，そうでない参加者には0を割り当てダミー変数とした。分析の結果，既有知識（F（1, 35）= 17.34, $p < .001$, $\eta^2 = .29$）に加えて，群の違いにも統計的に有意な効果が認められた（F（2, 35）= 4.97, $p = .01$, $\eta^2 = .17$）。多重比較（Bonferroni法）の結果，説明産出群の平均 γ 係数は他の2群よりも有意に高いことが確認された（説明産出群と2つの統制群との対比はどちらも $p = .03$）（図5.4）。

以上の結果から，説明産出が理解度判断の正確さを向上させることが明らかとなった。また，説明予期群では同様の向上が見られなかったことから，説明を予期し積極的にオンライン・メタ認知を働かせたとしても，学習後の理解度判断の仕方が変わるわけではないことが示唆される。もちろん，研究3aではキーワード生成を行わない純粋な統制群を設定していないため，説明予期に効果がないとは断言できない。この点は研究3bにてキーワード生成を行わない統制群を設け，更なる検証を行う。ただし，図5.4を見ると，説明予期群とキーワード産出群の平均 γ 係数は，深谷（2010）のメタ分析で報告された値（0.28）とおよそ一致した。このことから，説明予期群とキーワード産出群の

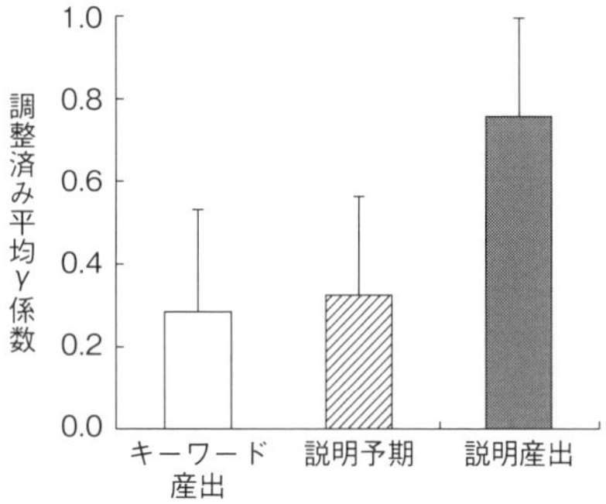

図5.4　3つの群における調整された平均γ係数（エラーバーは95%*CI*）

γ係数は特段高いものでなく，説明予期とキーワード産出は理解度判断の正確さを高めるものではないとも考えられる。

5. 3. 4　理解度評定の手がかりとしての説明産出

説明産出が，自身の理解状態を正確に判断する手がかりとなったことを直接確かめるため，産出された説明を対象に分析を行った。よって，ここでの分析は説明産出群の参加者のみを対象とした。まず，産出された口頭説明と図において正しく同定されたステップ数の数をカウントした。口頭説明は評定しやすいようにレコーダーから発話を書き起こして分析に使用した。次に，もともとの材料のステップ数を分母，正答したステップ数を分子とし，正答したステップ数の割合を算出し，表5.2の基準を用いてその値を0（全く説明できていない），1（部分的に説明できている），2（大半を説明できている），3（完全に説明できている）の4つの値に変換した。データの記録の不備で，2人が分析から除外されたため，以下の分析は11人分のデータを対象に行われた。

ここでは2つのγ係数の平均値を算出した。1つは産出された説明の成績と理解度評定間のγ係数，もう1つは説明の成績とテスト成績間の平均γ係数であった。もし参加者が産出した説明を理解度判断の手がかりとして用いているのであれば，説明成績と理解度評定の間に有意な連関が見られると予測された。分析結果は仮説を支持するもので，説明成績は理解度評定との平均γ係数は.61で，ゼロと異なる有意な連関を示した（t（10）= 2.33, p = .05）。次に，学習直後に仕組みを説明できるかどうかがテスト成績とも関連を持つか調べるため，産出した説明の成績とテスト成績間の平均 γ 係数を算出したところ，強い連関が認められた（$M = .88$, $t(10) = 5.52$, $p < .01$）。

説明成績と理解度評定の間に有意な関連が見られたことから，参加者は各題材の仕組みをどの程度よく説明できたかに基づいて理解度を評定したと推察される。また，産出された説明は実際にその後のテスト成績を強く予測するものであった。これらの結果として，説明産出群の理解度判断の正確さが向上したのであろう。説明産出は学習時に形成した理解表象にアクセスして外化される。よく理解できていれば的確に説明を行うことができ，理解できていなければうまく説明を行うことができない。

ある参加者が生成した図を見てみると，トイレタンクの仕組みを記した図5.5では必要な要素（例：水を押し上げるハンドル）が記されておらず，また，フロートに連結するはずのバルブが誤って円板と連結されていた。これでは，どうトイレタンクが水を流せるのかをうまく説明できない。実際，この参加者は「まず水が流れるのはバルブを回すと，その中のアが何らかの仕組みで押しあがって…」，「仕組みはよく分からないんですけど，フロートが下がると，水道管が開いて…」といった発話を示した。他方，同じ参加者でもシリンダーは比較的的確な説明を行った。図においても必要なパーツと構造が記され（図5.6），口頭説明でも「鍵を入れるとそのぎざぎざのところに合わせて，ピン

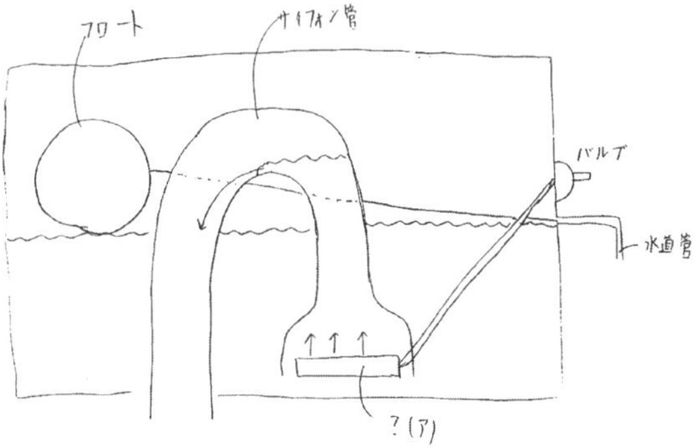

図5.5　説明産出群のある参加者におけるトイレタンクの図

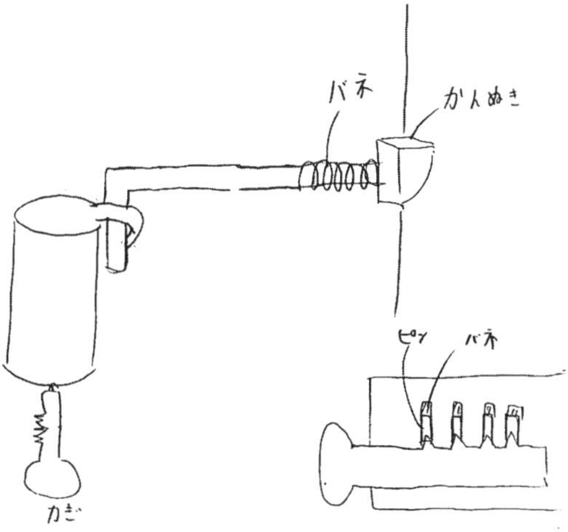

図５.６　図５.５と同一の参加者におけるシリンダーの図

が上下する」,「（鍵を）ひねると，ひねったところにあるくっついたものが引っ張られて」と各ステップが説明された。このように，説明産出は自身の理解状態を可視化するのに有効な手だてとなっていたと推察される。

ただし，研究３ａにはいくつかの課題も残された。第１に，理解テストとして用いられたのは，図と説明をかいて仕組みを説明する課題で，研究１や研究２で用いられたテストのように，文章中に書かれていない情報を関連づけられたかを測定するものではなかった。研究３ａで用いた説明課題でも仕組みの理解が反映されると想定したが，元の文章をそのまま再生しても回答可能であったことから，研究３ｂでは，研究１・研究２と同じように文章中には明示されていない情報を推論できたかを調べるテストを用いて，参加者の理解状態をより明確に測定することを試みる。なお，研究３ａでは説明産出として行う課題と，事後テストとして行う課題がほぼ類似のものであるという問題も存在したが，テストの形式を推論テストとすることでこの問題も解決されると考えられる。第２に，研究３ａではテストの回答時間が制限されており，この状況が説明産出群に有利に働いた可能性がある。つまり，説明産出課題と説明テストでは同じ内容の説明が求められたため，説明産出群の参加者はより迅速にテストに回答できたかもしれない。そこで，研究３ｂは，時間制限を設けずにテストへの回答を求める。

第3に，研究3aの統制群は学習直後にキーワードの生成が求められており，説明予期そのものの効果は調べられなかった。そこで，研究3bでは，より純粋に説明予期の効果を推定するため，キーワード生成を求めない統制群を設ける。最後に，研究3aでは，参加者に図を生成させ口頭で仕組みを説明させていたが，図を学習者自身が産出するのは図をうまく描画できない参加者にとっては負担が大きい。文章中の図を見ながら口頭の説明を行うだけで理解度判断の正確さが向上するのであれば，参加者にとっての負担も少なく済む。そこで，研究3bでは，文章の図を与えて口頭説明を求めるだけでも理解度判断の正確さが向上するかを検討し，説明産出の効果の一般化可能性をあわせて調べる。

5.4　研究3b：方法

5.4.1　参加者

東京都内の大学に通う大学生・大学院生48名が実験に参加した（男性24名，女性24名，平均年齢21歳5ヶ月）。参加者を統制群，説明予期群，説明産出群に割り付けた。なお，3名の大学院生が参加者に含まれたが，3つの群に均等に割り付けられた。

5.4.2　材料

研究5aの材料から変更したもののみについて記した。

理解テスト　各文章について4項目の推論テストを作成した。これらの項目は，因果ステップに関する非明示的な情報についてたずねたものだった。例えば，トイレタンクについては，「水を流すためハンドルを下に動かすと，円板はどう動きますか？具体的に記してください」，「じょうごの中の円板が小さすぎると，どのような問題が起こるでしょう？具体的に記してください」といった項目が用いられた（他の項目は資料参照）。ただし，練習用文章では2項目の質問のみが用いられた。

文章　研究3aと同様，道具と機械の仕組みを図解した5つの文章を用いたが，推論テストを作成するのが困難であったジッパーとグランドピアノの代わりに，ホッチキスと体重計が題材とされた。

5.4.3　手続き

次の点を除き，ほとんどの手続きは研究5aと同一であった。第1に，説明産出群の参加者は，文章学習直後，文章中にあった図のみを提示され，その仕組みを口頭で説明するよう求められた。次に，理解テストに回答する際，すべての参加者は自由に時間を使って回答を作成することができた。

5.5　研究3b：結果と考察

5.5.1　理解テストの採点

事前に作成した採点基準に基づき，各項目に対して正答には1点，誤答には0点を振り当てた。よって，各文章の満点は4点であった。研究3aとは別の大学院生に，15名分のデータの採点を求め，採点者間一致率を算出した。その結果，κ係数は十分な値を示した（κ = .83)。不一致の回答については両者が議論して得点化し，残りの回答は筆者が採点を行った。

理解度評定とテスト成績間のγ係数の算出にあたり，理解度評定もしくはテスト成績の値が材料間で同一だったためにγ係数を算出できない参加者が3名存在した（3名とも説明産出群)。したがって，以下の分析から3名分のデータを除外した。分析対象となったのは各群15名の参加者であった。

5.5.2　理解度評定とテスト成績

理解度評定と理解テスト成績それぞれの平均値を表5.4に示した。理解度評定値もしくはテスト成績が群間で異なるかを検討するため分散分析を行ったところ，理解度評定では有意な差は見られなかったものの（F (2, 42) = 0.18, *n.s.*)，テスト成績においては群間で成績が異なる傾向が認められた（F (2, 42) = 2.57, p = .09)。Bonferroni法による多重比較の結果，統制群に比べて，説明産出群のテスト成績が高い傾向にあった（p = .09)。研究3aと異なり，研究

表5.4　理解度評定とテスト成績，特異値の平均値（括弧内は*SE*）

	統制群 (n = 15)	説明予期群 (n = 15)	説明産出群 (n = 15)
理解度評定 （7点満点）	4.77 (0.26)	4.73 (0.18)	4.92 (0.25)
テスト成績 （4点満点）	2.39 (0.21)	2.64 (0.10)	2.97 (0.22)
理解度評定特異値 （5点満点）	3.00 (0.14)	3.00 (0.14)	3.07 (0.23)
テスト成績特異値 （5点満点）	2.73 (0.18)	3.20 (0.18)	2.47 (0.17)

3bでは，説明産出群の参加者は説明を生成する際，文章中の図を参照することが可能であった。図を2回見ることができたために仕組みの理解が促進されたのだと考えられる。しかし，この点は本研究の目的であるオフライン・モニタリングの促進とは直接関連しない。そのため，以下ではテスト成績の違いについてこれ以上の議論は行わないこととする。

個人内散布度の指標として特異値を算出した（表5.4）。分散分析の結果，理解度評定の特異値には差は見られなかった（F (2, 42) = 0.05, *n.s.*）。他方，テスト成績の特異値には有意な差が認められた（F (2, 42) = 4.55, p = .02）。多重比較の結果（Bonferroni法），説明産出群に比べて，説明予期群に高い値が確認された（p = .01）。特異値が小さいほど，γ係数は小さくなりやすいとされる。ではγ係数の結果が実際どのようなものになったか，次節にて確認する。

5.5.3　理解度評定の正確さ（平均γ係数）

理解度評定と理解テスト成績との個人内連関係数の指標としてγ係数を算出し，群ごとの平均値を示した（図5.7）。既有知識の影響を調べたところ有意な影響は見られなかったため（r = −.10, *n.s.*），共分散分析ではなく群の違いを独立変数とした1要因分散分析を実施した。その結果，介入に有意な効果が見られた（F (2, 42) = 7.72, p = .001）。Bonferroni法による多重比較の結果，説明産出群の平均γ係数は説明予期群および統制群に比べて有意に高かった（どちらの比較においてもp = .01）。これらの結果は，研究3aの知見を拡張するものである。すなわち，推論テストを用いてもやはり説明産出群においての

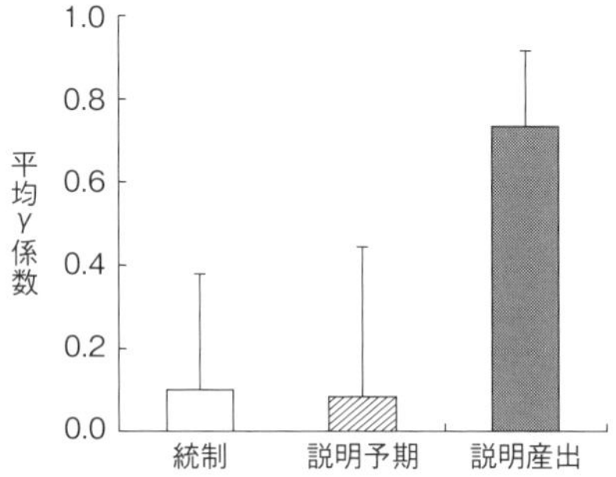

図５.７　３つの群における平均γ係数（エラーバーは95%*CI*）

み理解度判断が正確になった。説明を予期したとしても，理解度を判断する際，実際の理解を反映した手がかりは活用されず，その活用のためには理解表象へのアクセスを伴う説明産出が必要であることが示された。

5. 5. 4　理解度評定の手がかりとしての説明産出

研究３ａと同じく，説明産出群の参加者が産出した説明を分析し，説明が理解度評定および理解テスト成績と関連するかを検討した。研究３ｂでは図の描画を求めておらず，分析可能なデータが口頭説明のみであったため，ICレコーダーにより録音した参加者の説明を書き起こした上で，正しく同定されているステップ数をカウントした。次に，もともとの材料のステップ数を分母，正答したステップ数を分子とし，正答したステップ数の割合を算出した。表５.２の基準をもとに，その割合を０（全く説明できていない），１（部分的に説明できている），２（大半を説明できている），３（完全に説明できている）に変換した値を説明得点として用いた。１人の参加者の説明得点がすべて同じ成績で分散がゼロだったため，分析から除外した。よって，以下の分析の対象は14名であった。

まず，説明産出群の参加者が産出された説明を手がかりとして理解度評定を行ったかを確かめるため，説明得点と理解度評定間のγ係数を算出した。その結果，仕組みが適切に説明できたほど，参加者は理解度を高く評定していたことが明らかとなった（平均γ係数は$M = .74$，検定統計量は$t\ (13) = 3.30,\ p < .01$）。

さらに，説明得点が理解テスト成績とも関連したかを調べたところ，説明得点とテスト成績の連関も有意であった（$M = .86, t\,(13) = 4.49, p < .01$）。よって研究３a の知見が再現された。これらの結果から，説明産出を通して自身の理解状態が明確に把握した参加者は，説明ができたかどうかを手がかりとして理解度判断を行ったのだと示唆される。さらに，産出された説明は実際のテスト成績を予測する，理解度判断の有用な手がかりであったため，説明産出群の平均 γ 係数は他の２群よりも高くなったのであろう。

5.６　考察

研究３では，どのような介入がオフライン・モニタリングを促進するのかが検討された。研究３は，情報のインプットとアウトプット両方の過程に関わる介入として「学習した内容を自ら説明する」という活動に着目した。特に，オンライン・メタ認知を活発に働かせる効果を持つ説明予期と，情報のアウトプットを伴う説明産出を区別して効果が調べた。課題や手続きを変え２つの実験を行ったが，どちらの研究においても理解度判断の正確さに対して説明予期の効果は認めらなかった。説明を予期して学習中に積極的にオンライン・メタ認知を働かせたとしても，理解度を判断する際に学習中に得られた理解状態を表す手がかりが自発的に活用されるようになるわけではないことが示唆される。

一方，どちらの実験においても説明産出には理解度判断の正確さを向上させる効果が認められた。説明を産出する際には，記憶表象ではなく理解表象への検索がなされる。よって，仕組みについて正しく理解が達成された文章では説明を適切に行えるが，理解が達成されなかった文章では説明を適切に行えない。実際，産出された説明の分析では，説明を産出する過程で困惑を示したり，仕組みを十分理解していないことを認める発話が見られた。説明産出により自身の理解状態が可視化されたことで，参加者は説明ができたか否かを理解度判断の手がかりとして用い，結果的に理解度判断の正確さが向上したのであろう。

なお，研究３a と３b では，理解度判断の正確さは向上したものの，テスト成績の向上は見られなかった。これに対して，「理解テスト成績が改善しないのであれば，学習において有用な介入とはならない」といった指摘が考えられる。しかし，前述したように，理解度判断の改善は，再学習の機会を設定することでテスト成績の向上をもたらすと想定される。つまり，オフライン・モニタリングが正確になると，再学習を行う際に理解していない文章を正しく再学習すべき対象として選ぶことができる。例えばThiede et al.（2003）は，理解度判断の正確さを改善することが，再学習フェイズで再学習すべき文章を正しく選択することを可能にし，理解テストの成績の改善をもたらしたことを示している。本研究では再学習フェイズを設けなかったため，テスト成績の改善は認められなかったが，Thiedeらの結果を踏まえると，理解度判断の正確さの向上を示した結果も十分意義があると考えてよいだろう。

両研究とも，説明を予期して学習するだけでは理解度判断の正確さは向上しなかった。この結果から，インプットされた情報に対してオンライン・メタ認知を働かせるだけでは学習後のオフライン・モニタリングは正確にならないことが示唆される。なお，テスト成績に違いが見られなかったことから，そもそも説明予期が本当に学習中の疑問生成や関連づけを促したのか明らかでないという指摘もあるかもしれない。確かに，説明予期がオンライン・メタ認知を促したことを支持する直接的な証拠は得られなかったが，深谷（2014）によると，説明予期が文章理解に及ぼす影響は中程度の効果量であり，小さいサンプルサイズのもとでは有意な効果を見出しにくいことが指摘されている。実際，深谷（2014）は多数の研究結果を統計的に統合するメタ分析を用いることで，説明予期が文章理解を促す効果を持つことを示している。こうした結果をあわせて解釈すると，オンライン・メタ認知を高めるだけでは理解度判断の仕方そのものは変化せず，理解度判断は正確でないままになると考えられる。

最後に，研究３の限界を４点にわたって述べる。第１に，研究３は大学生を対象者に，道具と機械の仕組みを題材にしたもので，より多様な対象者や題材に知見を一般化できるかは不明である。大学生で効果が実証されている介入法でも，児童生徒には同様の効果が見られなかったことも報告される。例えば，von der Linden et al.（2011）によると，７歳から９歳の児童に遅延要約生成を求めても改善が見られなかった。また，小学校４年生に対して実験を行ったde Bruin et al.（2011）でも，４年生には遅延キーワード生成が効果を持たなかったと報告されている。de Bruin et al.（2011）は，この結果に対して，４

年生の児童は，生成したキーワードが自身の理解状態を反映することに自覚的でなく，キーワードが生成できたか否かを理解度判断の手がかりとして用いることができなかったと考察している。同様の事態は説明でも起こりうることを考えると，本研究の知見の一般化可能性を今後検討することが不可欠であろう。

限界の２つ目として，研究３では既有知識の影響も合わせて調べたが，研究３aでは影響が見られたものの，研究３bでは見られなかった。Glenberg & Epstein（1987）は，異なる専攻の大学生（物理，音楽）が，物理と音楽のうち，単一の領域のみの説明文を読む場合よりも，２つの領域の文章を読んだ方が理解度判断の正確さが向上することを示している。学習した文章において既有知識の程度が異なれば，既有知識を持つ文章には高い理解度評定値をつけ，既有知識がない文章には低い評定値をつけると予測される。その人の既有知識が正しければ，既有知識を元にした判断は，より正確に理解度判断を行うことに寄与すると考えられる。ただ，本研究ではその測定方法として，自己報告を採用したため，妥当性が十分でなかった可能性がある。既有知識の妥当な測定とその影響の正確な推定は，今後の研究で更に検討が必要とされる課題である。

３つ目に，研究３ではオフライン・モニタリングの中でもγ係数を指標としたが，それ以外の指標においても介入の効果が得られるかは分からない。γ係数は，ある個人において複数の文章の中で相対的に理解できたものと理解できなかったものを弁別できたかを表す指標であった。例えば，教科書を復習する際，どの内容が理解でき，どの内容が理解できなかったかを考えるなど，学習を有効に進める上で，複数の学習題材における相対的な学習達成度を正確に判断する力は重要である。しかし，この指標のみではモニタリングの正確さは捉えきれない。なぜならば，学習には，「ある概念を完全に理解できたか」や「テストで80点以上とれたか」など，何らかの基準を満たすような絶対的な理解度を正確に判断しなければいけない状況も間々存在するためである。この指標となるのは第１章で紹介したバイアスである。バイアスは理解度判断から実際のテスト成績を減算して算出する値で，正のバイアスは自分の理解状態を過大に判断している，つまり「分かったつもり」に陥っているかどうかを表す指標だった。研究３（第５章）では，説明産出がγ係数を向上させるという結果を得たが，理解度判断の正確さの指標によって実験的操作の効果が異なることがあることを踏まえると（Maki et al., 2005），バイアスを指標として理解度判断の正確さを高める介入方法を検討する必要がある。そこで，バイアスへの効果については研究４にて検討する。

最後に，研究３では説明産出によってオフライン・モニタリングの正確さを高められるということが明らかになったが，これがさらにどのような効果につながるかは検討しなかった。既に述べたように，先行研究では，オフライン・モニタリングの促進が再学習を通じてテスト成績を向上させることが分かっている（e.g., Thiede et al., 2003）。しかし，オフライン・モニタリングを促進する効果は，「どの文章をより長く勉強するか」という量的な側面での行動調整に限定されるものではない。第２章で述べたように，「自分がこの内容を十分理解できなかった」と認識することは，「自分の学習の仕方を変える必要がある」という気づきを促し，用いる学習方略の変更を促す可能性もある。こうした問題意識を念頭に，次章（研究４）ではオフライン・モニタリングの促進が学習方略の使用にどのような影響をもたらすかを検討する。

第6章

本章は次の論文を加筆・修正したものである。Fukaya, T. (in press). Applying metacognition theory to the classroom: Decreasing illusion of knowing to promote learning strategy use. In E. Manalo, Y. Uesaka, & C. A. Chinn (Eds.), *Promoting spontaneous use of learning and reasoning strategies: Theory, research, and practice.* London, New York: Routledge.

オフライン・メタ認知の促進II（研究4）

6.1　問題と目的

6.1.1　研究4で焦点を当てる問題

研究4では，バイアスを指標として理解度評定の正確さを向上させる介入のあり方を調べる。また，正のバイアスを低減させることが，効果的な学習方略の使用を促進する，つまり次の学習におけるオンライン・メタ認知を促す可能性も検討する。ただし，学習方略の変更を促進するためには，自分の「分かったつもり」に気づかせるだけでなく，「分かったつもり」を「分かった」状態にする方法についても介入を行う必要があるだろう。例えば，専門的な用語を学習する場面を想定しよう。丸暗記で学習を進めた学習者が，用語の意味を説明するよう求められたとき，うまく用語の説明が行えず，自分の分かったつもりに気付いたとする。ここで，この学習者は学習方略を変更する必要性を認識するかもしれない。しかし，そもそも用語を理解するためにはどのように学習すればよいのかが分からないと，学習方略の変更には至らないだろう。そのため，分かったつもりの気づきを促すことに加えて，「用語を理解するには定義と具体例の両方をおさえるとよい」といった方略知識を教授する必要があると予測される。

さらに，本研究の着眼点である「オフライン・モニタリングを促進することが学習方略の使用を促す」という仮説は，オフライン・モニタリングの促進効果を調べた先行研究に新しい考えをもたらすものである。これまでの研究では，理解を達成していない文章をより長い時間にわたり学習するようになるといった学習の量的な側面に関して検討を行ってきた（e.g., Thiede et al., 2003）。一方で，自分の分かったつもりに気がつくことが，「どのように学習するか」という質的な側面に対してどんな影響を与えるかは十分検討されてこなかった。このような問題意識のもと，本研究は，学習方略の使用という観点からオフライン・モニタリングを促進する効果を明らかにする。

6.1.2　研究4の検証方法

研究4は大学での心理統計学の講義を実践のフィールドとし，統計用語の理解に焦点を当てる。本書のこれまでの研究では概念的知識の中でも因果的な関連づけを要する題材を用いてきたが，概念を学習する上では定義と具体例という観点から関連づけを行うことも有効である（市川，2000）。抽象的な定義を理解することで，個々の具体例に共通する特徴を把握したり，抽象的な定義に対して具体例を考えることでその中身を理解したりできる。ところが，第1章で紹介したように，算数・数学の学力診断テストであるCOMPASSの結果からは，学習者が基本的な概念でも定義と具体例を十分理解していないという実態が示されている（植阪他, 2014）。また，深谷・小山（2013）は説明活動を導入した大学の授業実践から，大学生においても定義と具体例という観点を意識した学習がなされていないことを示唆している。2012年の中央教育審議会の答申に見られるように，近年，大学教育の質を向上させる必要性がとみに指摘される（文部科学省，2012）。当該の答申では，その具体的な目標として学生の学修時間の向上とともに，主体的・意欲的に学習を進める学生を育てることの重要性を指摘している。こうした点からも，大学生を対象に学ぶ力の育成を図る方策を検討することは重要な課題であるといえる。

研究4では，全14回の授業を事前期と介入期に分け，後者の期間に介入を実施する。介入期では，授業の最後にその回に学習した用語を説明する活動を行う（用語説明）。さらに，授業者が示す採点基準をもとに自分の回答が何点であるかを採点する（採点活動）。用語説明に加えて採点活動を実施するのは，学習者にとって思い出した内容の正確さを客観的に把握することが難しいことが先行研究で示唆されているためである。例えば，Dunlosky, Rawson, & Middleton（2005）は，参加者に文章を読んだ後，学習した概念の定義を思い出すテストを受け，さらにその成績を予測するよう求めた。分析では，テストの回答を研究者が採点した上で，回答を「回答なし」，「回答はあるが不正確」，「正確な回答」の3つに分け，3つの回答ごとに参加者がテスト成績を何点と予測したかを算出した。その結果，思い出した内容が不正確であったにもかかわらず，参加者は「回答なし」だった用語よりも「回答はあるが不正確」だった用語の成績を高く予測した。よって，説明活動でも同様に，不正確な説明でも説明が産出できれば，学習者がその内容を「よく理解できた」と判断してしまう可能性がある。採点活動をあわせて行うことで，説明の質を吟味し正確な理解度判断を行うことが可能になると考えられる（cf. Lipko, Dunlosky, Hartwig, Rawson, Swan, & Cook, 2009）。

さらに，本研究の介入は，有効な学習方略の使用を直接的ないし間接的に促す手だてとなる。直接的な手立てとなるのは，学習者が採点基準を参照することで，定義と具体例という2つの観点から用語を理解・説明することが重要だと知ることができるためである。例えば，「相関」という用語の基準は，「2つの変数が共に変化すること」など正確な定義を挙げられているか，「兄弟姉妹の数が多いほどその人の社交性が高い」など適切な具体例を挙げているかという2つからなる。こうした基準を知ることで，学習者は「次からは抽象的な定義を知るだけでなく，具体例を考えながら学習や説明をしよう」と意識すると期待される。Wittrock（1990）は，具体例を生成することは，抽象的な定義に対して自らの既有知識を用いて新たな情報を関連づける活動であると述べており，これは本研究で定義する精緻化にあたるといえる。つまり，採点活動は精緻化を直接的に促す効果を持つと予測される。

さらに，本研究の介入は間接的には体制化の使用に対しても影響を及ぼす可能性がある。ある統計概念を説明するためには，それまでに習った概念を理解しなくてはならない。例えば，標準化という概念を説明するには，平均や平均偏差，標準偏差といった諸概念の関連性を理解しておく必要がある。そのため，もし用語説明と採点活動を経て，参加者が「自分は標準化を十分理解できていない」ということに気がつけば，その後の復習場面では，標準化と他の概念との関係を表にまとめ整理するといった活動が増大すると期待される。

以上の効果を調べるため，介入期では授業の最後のふり返り活動として，１回目の理解度評定，介入（用語説明＋採点活動），２回目の理解度評定という形で２回の理解度評定を求め，１回目の評定のバイアスが２回目にかけて低下したかを調べる。バイアスの算出にあたっては，用語説明課題の回答を用いて課題成績を算出する。なお，理解度評定（７件法）と課題成績（２点満点）のスケールは異なるため，２つの指標を百分率に変換する。例えば，もしある学習者が１度目の理解度評定を４（「どちらでもない」）とつければこの人の評定は50%，２つの用語説明課題どちらも不正解であれば課題成績は０%となる。バイアスは理解度評定値－課題成績によって産出されるため，この人のバイアスは＋50%となる。仮説として，１回目の理解度評定をもとにしたバイアス（バイアスⅠ）は正となり，介入を経た２回目の評定をもとにしたバイアス（バイアスⅡ）はゼロに近い値になると予測される。

さらに，学習方略の変化を捉えるため，事前期の初めと介入期の最後に１回ずつ質問紙調査を実施する。尺度はMSLQ（Motivated Strategy for Learning Questionnaire）における「精緻化」と「体制化」の項目を用いる。MSLQはPaul Pintrichを中心とした研究グループにより開発され，学習方略や動機づけを測定する項目からなる。実際の学業成績との関連が報告されるなど一定の妥当性と信頼性を有していることが確かめられており（Pintrich, Smith, García, & McKeachie, 1993），多く研究において用いられる，学習方略の代表的な尺度である（Duncan & McKeachie, 2005）。この尺度を用いて学習者の授業外学習（予習，復習）における学習方略の使用傾向を調べる。事前期と異なり，介入期では授業の最後に用語説明および採点活動を実施する。これらの介入により，学生は事前期と比べより積極的に精緻化と体制化を用いて学習を行うようになると予測される。

最後に，受講者全体の平均値による検証だけでなく，受講者における変数間の関連についても検討を加える。つまり，仮説が正しければ，自身の分かったつもりに気がついた学習者ほど，学習方略の使用には大きな変化が見られると予測される。そこで，説明課題と採点活動を通したバイアスの低下（以下，「分かったつもりへの気づき」）が大きい学習者ほど，事前期から介入期にかけて学習方略の使用得点が上昇しているかを調べることとする。

6. 2　方法

6. 2. 1　参加者

参加者は関東圏の私立大学で開講された「心理統計法I」を受講した学生であった。5回以上欠席したものは除外するなど一定の出席要件を課し，67名の学生を対象とした。授業は心理統計学の入門的な講義であり，受講生の大半は大学1年生であった。欠席や記入漏れなどの欠損値は多重代入法（解説としてGraham, 2009）を用いて欠損値分析が行われた。欠損値分析はSPSS（ver.21）の“Missing Values”プログラムを用いて行われ，代入数は20と指定した。

6. 2. 2　授業と介入の概要

毎回の授業は市川（2004, 2008）によって提案された「教えて考えさせる授業」に基づき行われた。教えて考えさせる授業は，教師からの説明，理解確認，理解深化，自己評価という4つの段階からなる授業形態である。教師からその授業で習得が目指される内容を解説した後（教師からの説明），生徒にもその内容の説明を求めたりすることで理解の確認を図る（理解確認）。理解深化では，学んだ内容を活用する課題や討論を通して誤解しやすい，あるいは発展的な事柄の習得を促す。最後に，自己評価として授業で分かったこと，まだ分からないことのふり返りを求める。

第4回（散布度）の授業を例に，本研究の典型的な授業の流れを以下に示した。まず，教員（筆者）から，その日に扱う統計的概念（散布度）や指標（平均偏差，分散，標準偏差）についてその意味や計算手続きが解説された。言語的な定義や数式のみでは概念や指標の意味が分かりづらいことから，なぜ複数の指標が必要になるのかという指標の必要性を解説したり，散布度が異なる国語と算数のテストを比較するなどの日常的な状況を例としたりするという説明の工夫を設けた。次に，理解確認として，第4回の授業では，与えたデータから3つの指標の計算を行いグループで考え方を確かめあうよう促した。さらに，理解深化として，1人1つのデータを扱う状況と異なり，1人の個人において複数のデータが存在する状況（2人のボーリングプレイヤーが複数回投球を行ったデータ）を示し，この状況における散布度の意味を考察するよう求めた。グループでの議論の後，代表者に発表を求め，さらに教師から解説を行った。授業の最後には学生に自己評価を求めた。なお，本研究の介入は自己評価段階で実施された（詳細は後述）。

また，授業外学習を促すため，教員から予習と復習を積極的に行うよう教示した。具体的には，毎回の授業の最後に次の時間に扱う教科書の範囲を示し，一読して予習してくるよう促した。さらに，復習を促すため，その日の内容に関する宿題プリントを作成し配布した。プリントは重要な用語を説明する課題数問と，基本的な知識を活用する応用的な課題1問から構成された。スライド資料や教科書の丸写しを避けるため，宿題を解く際にはまずは何も読まずに解いてみること，内容を完全に忘れてしまった場合には資料を確認し，自分の言葉でまとめるよう促した。宿題プリントの提出は任意であったが，提出を推奨するため適切に課題に取り組んだものにはボーナス点を付与した。

全14回の授業を事前期（2から5回目），介入期Ⅰ（7から9回目），介入期Ⅱ（11から13回目）に分けて設定した。なお，第6回，第10回は小テスト，第14回は最終テストであった。先述したように，事前期と介入期では授業の最後に行う自己評価活動が異なっていた（表6.1）。事前期は学生に理解度評定のみを求めた。評定はその日の授業がどの程度理解できたかをたずねたもので，1（「まったくできなかった」）から7（「よくできた」）の7件法で評定を求めた。さらに，参加者には理解度評定の基準として，1は「重要な用語を1つも説明できない状態」，4は「複数の用語のうち半分を説明できる状態」，7

表6.1　介入として行った自己評価の流れ

事前期	介入期Ⅰ&Ⅱ
理解度評定	理解度評定Ⅰ
	用語説明（2問）
	採点活動
	理解度評定Ⅱ
分かったこと・分からなかったことを記述（両期間共通）	

表6.2　各回のトピックと用語説明課題の項目

期間	回	トピック	用語説明課題の項目
事前期	2	尺度水準	
	3	代表値	
	4	散布度	
	5	標準化	
	6	小テスト	
介入期Ⅰ	7	散布図	(1) 散布図 (2) 相関
	8	相関	(1) 共分散 (2) 相関係数
	9	相関係数の性質	(1) 疑似相関 (2) 因果関係
	10	小テスト	
介入期Ⅱ	11	連関	(1) クロス集計表 (2) ϕ係数
	12	回帰	(1) 回帰係数 (2) 残差
	13	信頼性・妥当性	(1) 信頼性 (2) 収束的証拠
	14	最終テスト	

ふり返り

- 回答のポイントが押さえられていれば1点

1. 擬似相関

- 定義：2つの変数間に因果関係がないにも関わらず共通の原因により生じる，見かけ上の相関
- 例：身長と計算力には因果関係がないが，共通の原因(年齢)により，両者に正の相関が生じる

注：実際には下線箇所は赤色で表示した。

図6.1　用語説明課題の採点基準例（第9回）

は「すべての用語を説明できる状態」と伝え，基準を踏まえ評定するよう伝えた。

介入期では，理解度評定に加えて，用語説明と採点活動，2回目の理解度評定を実施した。具体的には，各回の授業で学生は2つの用語の意味を説明した（用語説明課題で用いた用語のリストは表6.2参照）。資料の丸写しを避ける

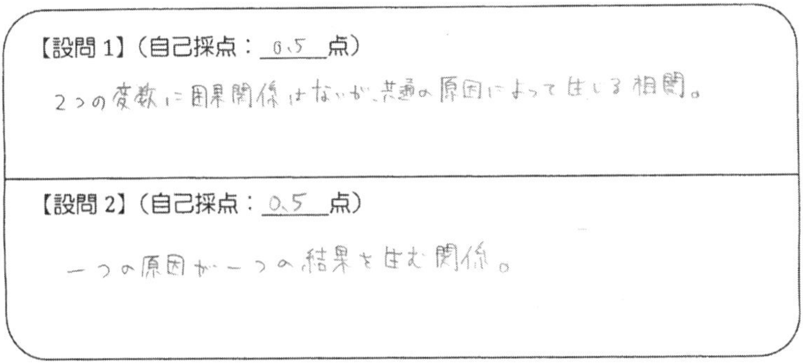
【設問 1】（自己採点：0.5 点）
2つの変数に因果関係はないが、共通の原因によって生じる相関。
【設問 2】（自己採点：0.5 点）
一つの原因が一つの結果を生む関係。

注：設問1は疑似相関，設問２は因果関係の説明を表す。

図6．2　用語説明課題の回答例（第９回）

ため，参加者には何も見ずに回答するよう求めた。学生が説明課題を終えた後，教師から評定基準を提示し，その基準を参照して学生は自身の回答を自己採点した（授業で示した評定基準例として図６．1参照）。採点基準としては抽象的な定義を記していれば0.5点，具体的な例を記述できていれば0.5点とし，各用語１点満点であった（定義と具体例が各0.5点であることは学生には授業中に口頭で教示した）。よって，各回の用語説明課題の成績は０点から２点であった。図６．2に学生の回答例を示した。図６．2の回答を見ると，それぞれの項目の定義は書けているが，具体例を記せていなかったことから，自己採点は0.5点となっている。なお，自己評価は各授業10分から15分で行われた。

6. 2. 3　指標

バイアス（介入期Ⅰ，介入期Ⅱ）　バイアスは理解度評定と説明課題の成績の差として算出された。学生は用語説明と採点活動の前後で評定を行ったため，１回目の理解度評定に基づくバイアスⅠと２回目の評定に基づくバイアスⅡの２つを算出した。なお，バイアスの算出においては理解度評定と課題成績を百分率に変換した。そのため，正の値は過大評定（分かったつもり），負の値は過小評定を意味した。

学習方略（精緻化，体制化）　学習方略（精緻化，体制化）はPintrich et al.（1993）によって開発された，自己報告型の質問紙により測定された。学習方略の測定は2回にわたり実施され，1回目の測定は第4回の授業で，2回目の測定は第13回の授業で行われた。教示文は「この授業のために予習・復習するとき，あなたは次のことにどの程度あてはまりますか。1（全くあてはまらない）から7（大変よくあてはまる）まで，あてはまるものを1つ選んで○をつけてください」というものであった。項目として例えば精緻化は「教科書の内容と授業の内容を関連づけて理解した」など6項目，体制化は「内容を整理するために，簡単な表や図を作った」など4項目から構成された。事前期のデータを用いて α 係数により尺度の信頼性を推定したところ，どちらの尺度でも一定の水準の値が示された（精緻化は $\alpha = .73$，体制化は $\alpha = .67$）。よって分析には，すべての項目を用いて尺度ごとに平均値を算出した。

6.3　結果

理解度評定と説明課題のデータは介入期の授業ごとに収集されたが，分析を簡単にするために各回のデータを介入期Ⅰ，介入期Ⅱといった期間ごとに平均して分析を実施した。研究4では以下の仮説を検証した。

(1) 介入期ⅠとⅡでは，用語説明と採点活動によってバイアスがゼロに近くなるであろう。

(2) 事前期から介入期にかけて学習方略（精緻化，体制化）の使用が向上するであろう。

(3) 分かったつもりへの気づき（用語説明と採点活動前後のバイアスの変化量）は事前期から介入期にかけての学習方略の得点の向上と正の関連を示すであろう。

さらに，学習方略の使用の詳細について調べるため，用語説明の回答の分析結果についても補足的に報告した。

6.3.1　バイアスに対する介入の効果

まず，事前期と介入期における理解度評定，用語説明課題成績，バイアスⅠ・Ⅱの値を示した（表6.3）。用語説明と採点活動を行うことでバイアスが変化したかを調べるため，各介入期においてバイアスを従属変数とした被験者内

表6.3　各変数における平均比率（括弧内は*SE*）

	事前期	介入期Ⅰ	介入期Ⅱ
理解度評定Ⅰ	63% (1%)	61% (1%)	58% (1%)
説明課題成績		45% (2%)	66% (2%)
バイアスⅠ		16% (2%)	−8% (2%)
バイアスⅡ		6% (2%)	−13% (2%)

のt検定を行った。分析の結果，どちらの介入期においてもバイアスの値は用語説明と採点活動の前から後にかけて低下したことが確認された（介入期Ⅰではt (66) = −6.70, p < .001; 介入期Ⅱではt (66) = −3.15, p < .001)。これらの結果は，説明産出と採点活動がオフライン・モニタリングを促進するという本研究の仮説を支持するものであった。しかし，表6.3に示される通り，介入期Ⅱの得点を見るとバイアス（バイアスⅠ）の値はもともと負で（−８%），介入を経てより値が減少した（−13%)。この結果が得られたメカニズムは考察にて論考する。

6.3.2　事前期から介入期にかけた学習方略の使用の変化

介入が学習方略の使用にどのような影響を及ぼしたかを調べるために，事前期から介入期にかけた方略の使用頻度の変化を分析した。図6.3に精緻化と

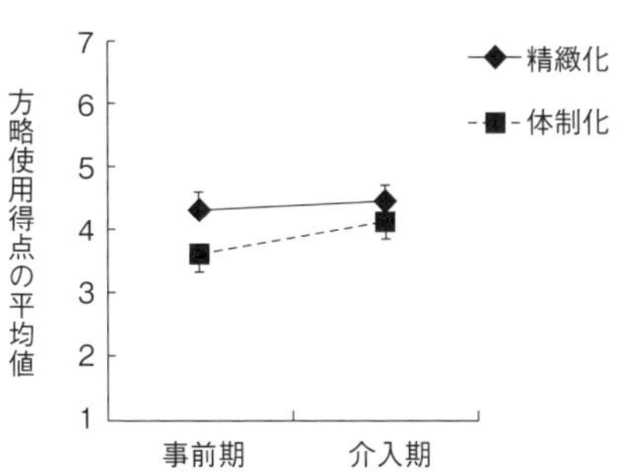

図6.3　事前期と介入期における学習方略の使用（エラーバーは95% *CI*)

体制化それぞれの値を示した。各方略について被験者内の t 検定を実施したところ，精緻化の得点には有意な向上が認められなかった（t (66) = 1.05, *n.s.*）。一方，体制化における事前期から介入期にかけた向上は統計的に有意であった（t (66) = 3.35, $p < .01$）。よって，方略の使用頻度については情報を整理する方略である体制化には効果が見られたものの，情報を付加する精緻化には効果が見られず，仮説は部分的にしか支持されなかった。そのため，精緻化の使用に関しては更に詳細に分析を行った（詳細は 6.3.4 節にて後述）。

6.3.3　分かったつもりへの気づきと学習方略の使用における変化との関連

これまでの分析から，①用語説明と採点活動によってバイアスが低減した，②事前期から介入期にかけて体制化の使用が促進された，という 2 点が明らかとなった。ただし，バイアスと方略使用という 2 つの変数の関連については直接的に分析していなかったことから，バイアスが低減したことで体制化が促進されたのかは分からなかった。そこで，本節では，この点を明らかにするため，介入前後のバイアスの変化量が事前期から介入期にかけた方略使用の変化量を予測するかを重回帰分析によって検討した。

まず，介入前のバイアスから介入後のバイアスを減じた値を「分かったつもりへの気づき」として指標化した。例えば，用語説明と採点活動を行う前のバイアスが +.50だった学生が，介入後には 0 になった場合，この学生の分かったつもりへの気づきは +.50 − 0で +.50となる。したがって，値が大きいほど分かったつもりへの気づきも大きいことを表す。介入期ⅠとⅡそれぞれにおいて分かったつもりへの気づきを算出した。従属変数として投入したのは有意な効果が認められた体制化方略の変化量であり，介入期の得点から事前期の得点を引いて差を算出した。よって，2 つの変数間には，分かったつもりへの気づきが大きいほど，方略使用が向上するという正の関係が見られると予測された。

重回帰分析を実施したところ，図 6.4 に示したように，介入期Ⅰの分かったつもりへの気づきが体制化方略の向上を予測したことが示された（t = 2.09, p = .04）。一方，介入期Ⅱの分かったつもりへの気づきにおいては有意な影響は認めらなかった（t = −0.57, p = *n.s.*）。ここから，介入期Ⅰの分かったつもりへの気づきが大きかった学習者ほど，体制化方略をより用いるようになった

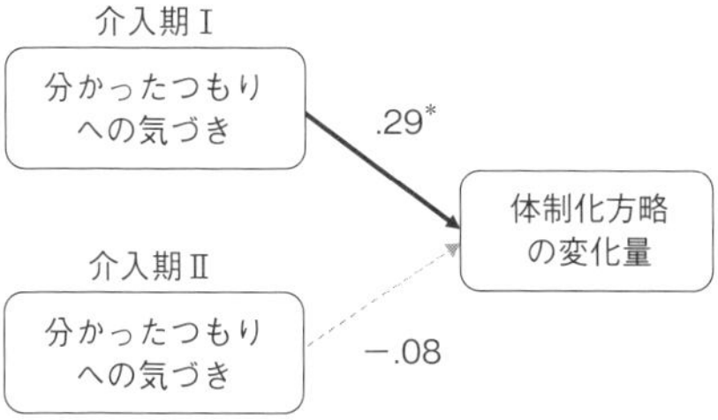

注：値は標準化偏回帰係数，$^{*}p<.05$

図6.4　分かったつもりへの気づきが体制化方略の向上に及ぼす影響

ことが明らかになった。

6.3.4　用語説明と宿題における精緻化方略の使用に関する補足的分析

本研究は，採点基準，つまり定義と具体例を考えるという観点を示すことが，統計概念を学習したり説明したりする有効な手だてを学生に教授することになると想定したが，精緻化方略は介入の前後で向上しなかった。仮説に反した結果が見られた原因の１つに用いた質問項目の問題が挙げられる。本研究で使用した精緻化の項目は「教科書の内容と授業の内容を関連づけて理解した」といったように，非常に抽象的で，特定の学習行動をたずねるものではなかった。本研究が焦点を当てた精緻化方略は，「抽象的な定義をもとに自分で具体例を考えてみる」というものだったが，項目の表現が抽象的であったため，学生が得点を高くつけなかった可能性がある。

こうした問題に対して，本研究では精緻化が反映される別の指標を用いることで，参加者が定義と具体例に着目しながら学習および説明をするようになった可能性を検証できると考えた。別の指標の１つとして用いたのは，介入期の授業の最後に行っていた用語説明課題の回答であった。介入を経て参加者が定義と具体例の両方に着目しながら学習するようになると想定すると，介入が始まって間もない介入期Ⅰよりも介入期Ⅱにおいて学生は定義と具体例を的確に説明できるようになると予測された。また，２つ目の指標として用いたのは，授業外学習を促す目的で配布していた，宿題に含まれる用語説明課題であった。授業で学習した直後に実施する授業内の説明課題に比べて，ある程度の時間を置いてから行う宿題においても定義と具体例が記述できていれば，学生がかなり意識的に方略を用いるようになったといえるだろう。

まず，介入として授業内で実施した用語説明課題において，定義と具体例がどの程度自発的に記述されたかを計測した。2つの介入期間において定義と具体例が記述可能な用語は，介入期Ⅰが相関，疑似相関，因果関係の3つ，介入期Ⅱがクロス集計表，信頼性，収束的妥当性の3つの用語であった。学生の回答は，定義と具体例それぞれについて0（記述なし），1（記述あり）の2値でコード化し，記述できた学生の比率を算出した。もし介入期間において学生が定義と具体例を書くという方略を徐々に用いるようになったのであれば，介入期Ⅰと介入期Ⅱの間で比率に差が見られると考えられる。結果を表6.4に示した。McNemarの検定の結果，具体例を書いた学生の比率に差が認められた（$p < .001$）。表6.4から，定義については介入期Ⅰから多くの学生が記していた一方で，具体例を自発的に記していたものは少数であった。しかし，用語説明と採点活動を繰り返し行うことで，自らの説明の不十分さを認識し，介入期Ⅱには具体例を記すようになったと考えられる。

次に，宿題においても同様の傾向が見られたかを確認した。定義と具体例の両方が記述できるなどの理由から，介入期Ⅰでは相関，疑似相関，因果関係，介入期Ⅱではクロス集計表，妥当性，信頼性，収束的証拠と，各期間3つの用語を分析の対象とした。なお，宿題は第2回から配布されていたが，授業中に「具体例を考える」という活動を実施しており分析に含めるのが適当でない，「外れ値」「分散」といった定義と具体例を考えにくい用語が用いられていたなどの理由で分析からは除外された。宿題の提出は任意であったため，分析対象となった4回分の宿題のうち2回以上提出した学生を分析に含めた。結果として，57名（全対象者の85%）が条件を満たした。

宿題における用語説明課題の中で，介入期ⅠとⅡそれぞれにおいて定義と

表6.4　介入時の用語説明において定義と具体例を記した学生の比率（$n = 67$）

	介入期Ⅰ	介入期Ⅱ
定義	75%	83%
具体例	13%	52%

表6.5　宿題の用語説明において定義と具体例を記した学生の比率（n = 57）

	介入期Ⅰ	介入期Ⅱ
定義	98%	98%
具体例	27%	36%

具体例を記述した学生の比率を算出した（表6.5）。McNemarの検定の結果，定義と具体例のいずれにおいても比率の向上は認められなかった（*n.s.*）。記述的な値を見ると，定義はほとんどの学生が記していた一方で，具体例は記していない学生の方が多く，27%から36%へと比率は向上していたものの，統計的に有意な向上とはならなかった。

6.4　考察

研究4は，①用語説明と採点活動によってバイアスが低下し理解度評定が正確さになる，②事前期から介入期にかけて学習方略（精緻化，体制化）がより使用されるようになる，③分かったつもりへの気づきが大きい参加者ほど，事前期から介入期にかけて学習方略をより積極的に用いるようになる，という3つの仮説を検証した。第1に，介入期に実施したふり返り活動によってバイアスが低下することが示された。介入期Ⅰでは用語説明と採点活動を行う前には正のバイアスが示され，参加者は実際の成績よりも高く自身の理解度を評定していた。しかし，バイアスが低下したことから，実際に自身で用語の意味を説明し，採点基準に基づいて回答を自己評価することで，自らの「分かったつもり」を自覚できるようになったのだと推察される。

第2に，事前期と介入期の方略の使用頻度を比較したところ，情報を整理する方略である体制化の使用頻度が増大していたことが明らかになった。心理統計学の用語を理解するには，概念間の関連を整理する必要がある。自身の分かったつもりに気がついた学習者が，家庭学習を行う際に概念間の関連を整理して学習するようになったのだと考えられる。他方，定義と具体例を関連づけるという学習法に対応すると想定した精緻化方略は，質問紙の回答においては増加が認められなかった。そこで，授業内の用語説明課題の回答を分析したところ，介入期の当初は具体例を説明に含めていなかった学生が，後半では定義と具体例の両方を記すようになったことが示された。

第3に，これら2つの変数間の関連，すなわちバイアスの変化と方略使用の向上の関連を検討した。用語説明と採点活動を経て理解度評定が低下した値を「分かったつもりへの気づき」とし，質問紙で向上が見られた体制化方略の変化量との関連を調べたところ，分かったつもりへの気づきが大きい学習者ほど，体制化方略をより積極的に用いるようになっていたことが明らかとなった。これは，介入によって学習方略の使用が促されたことの傍証となる結果だといえる。

これらの知見は，先行研究の結果を解釈する有用な手がかりを提供する。例えば，Nietfeld et al.（2006）は，大学の講義をフィールドとし，毎回の授業の最後にオフライン・モニタリングを働かせるための介入を実施した結果，統制群に比べて，バイアスのみならずテスト成績にも正の影響が見られたことを報告した。しかし，Nietfeldらはバイアスの低下がどのようなメカニズムでテスト成績の向上をもたらしたのかを十分考察していなかった。この課題に対して，本研究の知見は，オフライン・モニタリングへの介入によって効果的な学習方略が積極的に使用され，その結果，テスト成績が向上したといった新しい説明可能性を提供する。特に，先行研究では，オフライン・モニタリングが促進される効果として，「学習時間を適切に割り当てられるようになる」といった点にしか焦点を当てていなかった（e.g., Thiede et al., 2003）。学習時間という量的な側面もさることながら，学習の有効性を高めるには「どのような方法で学習を進めるか」という学習の質にこそ注目する必要があるだろう。今後，より幅広い観点からオフライン・モニタリングの促進効果が検討されることが期待される。

ただし，本研究の結果を解釈する際に留意すべき点もある。まず，用語説明と採点活動がバイアスを低下させたことについて，確かに介入期Ⅰでは過大評定を示していたバイアスがゼロに近づいたものの，介入期Ⅱではもともと過小評定だったバイアスがさらに低下するという結果が見られた。この結果から，学習者は「2つの概念のうち1つを説明できたから理解度評定は4をつけよう」というように，客観的に理解度を判断しているわけではなく，主観的な手がかりを用いて判断を下していることが示唆される。例えば，的確に説明がなされたとしても，その過程で「うまく思い出せない」といった困難が知覚されれば，客観的な基準よりも理解度が低く評定されると考えられる。あるいは，この結果が日本人特有の現象である可能性もある。Heine, Kitayama, & Lehman (2001) は，日本とカナダの大学生を対象に，創造性を調べる課題に取り組んだ際のフィードバックが自己認知に与える影響を検討した。その結果，日本の学生はネガティブなフィードバックを受け取った際，カナダの学生よりも自身の創造性をより低く評価したという。こうした知見を考慮すると，日本の学生はより厳しく自己評価を行う傾向があるのかもしれない。

第2に，学習方略への効果に関して，体制化には効果が認められたものの，精緻化には効果が認められなかった。この一因として考えられるのが，学習方略を測る尺度の項目が抽象的・一般的であるという問題である。もちろん，項目が抽象的だからこそ，様々な状況へ結果を一般化して解釈できるというメリットが質問紙には存在するわけだが，本研究の結果から，ある介入の効果を測定する際には，用いる項目に介入効果が十分に反映されるのかを十分に吟味する必要があるといえる。

また，用語説明課題における回答の分析から，介入時には具体例の記述量が増大するという結果が確認された一方で，宿題の回答ではそうした効果が見られなかった。授業内の介入時に教師から「定義と具体例の両方を記述しよう」と直接求めたわけではなかったものの，介入時の用語説明は，宿題に比べて，活動の直後に評価基準が示されることを意識しやすい状況であっただろう。学習により獲得した知識を別の状況へと応用するという転移に関する研究によると，場所を変化させたり遅延時間を設けることが転移の成立を難しくするという (Barnett & Ceci, 2002)。ここから，授業内だけでなく授業外学習でも精緻化方略の使用を促すためには，更なる介入が必要となると考えられる。例えば，本実践では毎回の授業の最後に記入を求めた感想や疑問に対して教員からコメントを付けたものを授業通信として配布していた。この授業通信の中で，授業内容のやりとりのみならず，「分かりにくい統計用語をどう理解すればよいか」といった学習方法についても紹介し，学習の手引きとして活用させることなどが考えられる（授業通信を通じた学習法指導については植阪・床，2012の実践も参考のこと）。

第３に，本研究より，自身の理解状態を過大に評定してしまうというバイアスを低減させることで，学習方略の使用が促されることが分かったものの，この結果はどのように学習を進めればよいかという方略知識そのものを合わせて教授したからこそ得られたと考えられることに注意が必要である。つまり，学習者が自らの分かったつもりに気がついたとしても，どのように理解を達成すればよいかが分からなければ，結局理解は達成できない。他方で，もし学習方略のみを教授したとしても，教授された方略を用いる必要性を実感できなければ結局学習者はその方略を使用するようにはならないだろう（奈須, 1993）。そのため，本研究のように学習方略の教授とオフライン・モニタリングへの介入を組み合わせることが，方略使用に働きかける上で有効だと思われる。

最後に，第５章（研究３）と第６章（研究４）において，学んだ内容を自分自身で説明することで，理解度評定の正確さが向上することが示されたものの，オフライン・メタ認知をいかに育成できるかについては検討が不十分であった。つまり，学ぶ力の習得という目標に照らして考えると，介入が行われない状況にあっても，自身の理解状態をチェックするため，自ら説明を行う学習者を育成する必要があるだろう。そこで，第７章（研究５）では，オフライン・メタ認を育成する介入法について検討を加えていく。

第7章

本章は次の論文を加筆・修正したものである。深谷達史・植阪友理・田中瑛津子・篠ヶ谷圭太・西尾信一・市川伸一（2016）. 高等学校における教えあい講座の実践―教えあいの質と学習方略に対する効果―　教育心理学研究, **64**, 88-104.

オフライン・メタ認知の育成（研究5）

7.1　問題と目的

7.1.1　研究5で焦点を当てる問題

研究3・研究4では，オフライン・モニタリングを促進する方策を検討してきたが，本章では，その育成を視野に入れて検討を行う。つまり，学習内容を説明することで自身の理解状態を確かめるという学習方略（以下「説明方略」と呼ぶ）を自ら活用する力を育てることを目標とする。

(1)　教えあい活動への着目

この目標に対する有効なアプローチの1つは，学習者同士の教えあいを導入し，その中で説明方略の有効性を実感させることである。教えあいとは，学習者に教え手と聴き手の役割を付与した上で，成員同士での内容の学びあいを求める活動である。研究3・研究4では，説明を産出する状況を扱ってはいたが，実際の聴き手は眼前に存在せず相互作用も行われなかった。しかし，実際に他者と教えあいを行う状況を設定することで学習者は説明の有効性をより実感できるようになると考えられる。なぜなら，聴き手から質問などのフィードバックを得ることで，教え手は分かりやすく説明しようと，より積極的に活動に従事すると考えられるためである（e.g., 伊藤・垣花, 2009; Roscoe & Chi, 2008）。

また，教えあいは，説明方略だけでなく他の方略に対しても促進的な効果をもたらす可能性がある。例えば，教えあいにおいて他者に考え方を質問することで，他者を外的リソースとして活用し問題や解法の考え方をたずねる自律的援助要請方略（瀬尾, 2007）の有効性が高まると考えられる。さらに，教えあいによって互いの理解が深まる経験をすることで，友人との教えあいを日常的に行うようになるかもしれない。

これまで，複数の成員が互いに学びを深めていく活動に関して膨大な研究知見が蓄積されてきたが（参考として植田・岡田, 2000; 杉江, 2011など），その活動を通じ学ぶ力を育成する，つまり教師や実験者が促さずとも自ら教えあいを行ったり説明方略を用いたりするよう働きかける，という発想は必ずしも多くなかった。例えば，教えあいに関する先行研究では，教えあいが聴き手と教え手両方の内容理解を深めること（Cohen, Kulik, & Kulik, 1982），その効果は教えあいの質，すなわち情報の関連づけを伴う質問と説明の有無によって媒介されること（Roscoe & Chi, 2007），説明・質問スキルへの介入を行うと教えあいの効果も高まること（King, Staffieri, & Adelgais, 1998）などが明らかにされてきたが，介入後の自発的な教えあいや一人で学習する際の方略の変化を調べた研究はほとんど見られない。教科知識の習得のみならず，学び方そのものの育成が学校教育に期待されていることを踏まえると（市川，2004），教えあいが内容理解を深めるだけでなく，学ぶ力の習得にもつながるかどうかを検討する必要性は高いといえる。

なお，教えあいに関する研究ではないが，関連する研究として，教師やチューターの指導のもと，生徒に効果的な読解方略（要約・質問・明確化・予測）の使用とグループ内での対話を求めながら読解方略の習熟を促す相互教授法（reciprocal teaching）に関する研究が挙げられる。Palincsar & Brown（1984）によると，こうした指導を繰り返し行った結果，読みに困難があった生徒も効果的な読み方を身に着けたという。これは，当初教師やチューターがモデルとして示していた読解方略が，徐々に生徒自身の読みの手だてとして内化されたためだと想定される。教えあいの過程でも，他者が示した方略使用が内化されるという同一のメカニズムによって個人の学習方略が変わりうると予測される。ただし，Palincsar & Brown（1984）では，介入の焦点は読解方略に限定されていたが，本研究では読解のみならず，数学的問題解決や文法規則など様々な題材の学習に適用可能な学習方略を取り上げる。

ところで，研究５はオフライン・メタ認知を自ら活発に働かせる力を育成することを目標としているが，説明方略，自律的援助要請方略，教えあい方略という３つの方略はオフライン・メタ認知の方略としてどのように位置づけられるだろうか。まず，説明方略は，学んだことを説明してみることで，自分がその内容を理解できているかを確かめる方略である。学習後に自身の理解状態を確かめるものであることから，説明方略はオフラインの過程の中でもモニタリングを促す方略であるといえる。他方，自律的援助要請方略は，学習後にどこが分からないかを把握した上で，その箇所について他者に質問をする方略である。したがって，オフライン・コントロールに対応する方略だと考えられよう。最後に，友人と学んだ内容を教えあう方略は，学習した内容の理解度を確認するために行われる場合もあるだろうが，もし教えあいの最中に互いが内容を十分理解していないと分かれば，続いて理解を深めるためのやりとりがなされると想定される。よって，オフライン中のモニタリング，コントロール，あるいは更なるオンラインの学習にも関与する活動であるといえる。

(2) 内容理解と学習方略の使用を促す教えあいの要件

さて，以上述べたように，教えあいによって内容理解を促進するとともに，学習方略の自発的使用が増える可能性があるが，その実現にはいくつかの要件も存在する。第１に，教えあいの経験を他の文脈へと転移可能なものにするために，自由度の高い状況を設定し，学習者が主体となって教えあいを進める機会が設けられるべきであろう。これは，先行研究から，教えあいで扱う内容やメンバー編成，やりとりの進め方などの形式があまりにも固定的であると，そこでの経験が転移可能性の低いものになってしまうことが示唆されるためである（Barnett & Ceci, 2002）。例えば，教師がプロンプトを多く用意したりグループを編成したりすると，その場での教えあいは活発になるかもしれないが，日常的な状況とは大きく異なるものになってしまい，教えあいの経験が日常に活かされなくなってしまう。質の高い教えあいを促すため初めはやりとりへの介入を行うとしても，外部からの支援（足場かけ）を徐々に減らし，学習者が主導的にやりとりを進めていける機会を設けるべきだろう。

第２に，学ぶことや教えることそのものについて適切な知識を教授することが重要だと考えられる。つまり，学ぶとは「意味を理解し自分で説明できること」で，教えるとは「意味の理解を促し相手も説明できるようになることだ」という知識を学習者に獲得させることが必要になる。

教えること・学ぶことについての知識は，質の高い教えあいを行う上でも不可欠である。ここでいう質の高い教えあいとは，教え手と聴き手が情報の関連づけを志向した質問と説明を相互に行うことを指す（図7.1）。学習者が教えること・学ぶことについて適切な知識を持っていれば，教え手と聴き手がともに学習内容を理解することが目指される。まず聴き手から，自分が分からない箇所について「なぜ」「そもそも」といった問いが発せられる。それらの問いに応じて教え手から理由や定義が説明される。さらに，教えること・学ぶことの知識を持つ学習者であれば，説明して終わりではなく，互いの理解を確認しあう行動をとることが期待される。なぜなら，説明を一度聴いたとしても聴き手が本当に理解しているとは限らないためである。ところが，人はしばしば自身の理解状態を過大に推定し（Glenberg et al., & Epstein, 1982），教え手もまた聴き手の理解状態を過大に見積もってしまう（Chi, Siler, & Jeong, 2004）ことが先行研究によって明らかにされている。こうした事態を避けるには，理解が達成された後に，改めて聴き手が学んだことを説明できるか試してみることが有効である。つまり，成員同士が，「説明を聴いて分かるだけでなく，自ら説明できて初めて分かったといえる」という学ぶこと・教えることに関する共通の知識を持つ必要がある。

学ぶことや教えることそのものについて適切な知識を持つ必要があるという要件は，筆者と共同研究者が高校生を対象に実施した，2010年度の教えあい講座の結果から示唆されたものである（詳細は深谷他，2016の予備実践を参照）。

図7.1　質の高い教えあいの過程（深谷他，2016）

2010年度の講座は，「教えあいを通して学習の仕方を身に着ける」という先述した発想に立ち，３時間の総合的な学習の時間を利用して，生徒同士が主導的に教えあいを行う活動を実施した。講座では，１時間目の講演で，理解することの重要性および教えあいが理解を深めることを強調したうえで，よい説明を行うスキルとして「図表を用いて説明する」「聴き手の理解を確認する」といったことを伝えた。次に，２時間目では３～5名のグループを作り，試験の範囲から生徒自身が内容を選定し，自分が担当した内容を他のメンバーに説明した。

ところが，筆者らがやりとりの観察を行った結果，理解することの重要性やそのためのスキルを教示したにもかかわらず，生徒のやりとりの大半は理解の確認や深化を伴わないものになっていた。例えば，あるグループでは，「インシュリンは体内のどこで作られるか」など「クイズ型」ともいえる，断片的な情報を問うだけの一問一答のやりとりがなされていた。これらのやりとりから，生徒の問いが「なぜ」といった情報の関連づけを伴うものではなく，「なに」という断片的な情報に焦点化したものになっていると推察された。また，教え手が聴き手の理解状態に配慮しないという問題も見られた。例えば，あるグループでは「答えチェック型」のやりとりが見られた。このやりとりでは，答えが合っているかのみが関心の的となり，不十分な理解の確認しかなされていなかった。

生徒の教えあいの質が低かった原因として，筆者らは「教授－学習スキーマ」という概念的枠組みを考案した（深谷他, 2016）。教授－学習スキーマとは，学習者が持つ学ぶこと・教えることに関する暗黙の知識である。人は何かを学んだり教えたりする経験の中でスキーマを獲得し，このスキーマに基づいて行動すると想定される。このような教授－学習スキーマには「何を」「どう」教えるかというスロットが含まれると考えられる。教えあいのやりとりからは，生徒が「断片的知識／解法手続きを」，「教え手の生徒から一方的に」教えるというスキーマを保持していると示唆される。しかし，前述したように，心理学的見地からは「有機的に関連づけられた情報を」「教え手と聴き手が相互的に」教えあうというスキーマを持つことが望ましい。先のインシュリンの内容に基づけば，部位の名称のみならず，「ランゲルハンス島でインシュリンが作られるのは何のためか」，「インシュリンが作られる仕組みはどのようなものか」といった因果的な関係性こそが問われるべきであろう。また，教えあいの際には，教え手が一方的に説明を行うのではなく，聴き手が説明したり教え手が質問したりすることで互いの理解状態を確認できると考えられる。

学ぶこと・教えることそのものについての知識を変容させない限りは，自由度の高い状況において学習者が主体的に理解を深化させていくことを実現するのは難しいだろう。ましてや，別の場面に学習方略を転移させることを達成するのも困難だと思われる。なぜならば，やりとりの中で理解が問われなければ，教えあいが自身の学習を進める上でも有用だと生徒が実感できないと考えられるためである。そこで研究5では，2010年度に行った実践に更なる改善を加え，教えあいの質を高め，学習方略の自発的使用を促す教えあい講座を開発し，その効果を検証することを試みる。

7.1.2　研究5の検証方法

2010年度に実施した講座では，①学ぶこと・教えることそのものについての認識を変容させる働きかけが十分行われていなかった，②自由度の高い教えあいが行われたのみで生徒に十分な足場かけが与えられなかった，という反省を踏まえ，2012年度に実施した新たな講座には次の改善を加える。

まず，学ぶこと・教えることについての知識を変容させるため，3つの点において改善を加える。まず，教科内容に基づく具体例を用いながら「そもそも理解とはどのような状態なのか」を明示的に伝え，その上で，「教えあいによって互いの理解を深めることを目指そう」という目標を示す。次に，関連づけを志向したやりとりを促すため，「なぜ」「そもそも」という生徒にとっても使いやすいフレーズをキーワードとして示し活用を求める。最後に，2010年度の実践の講演（1時間目）では，教わったスキルを実際に用いる機会が不十分だったため，今回は講演の中で，スキルを活用した発話例をモデルとして示し，不適切なやりとりを適切なものへと改善させるという活動を設定する。これらの改善によって，教えあいでは断片的知識をやりとりするのではなく，「なぜ」や「そもそも」といった問いを発しながら因果関係や定義といった観点から知識を関連づけるのだという意識化が可能になると想定した。

次に，足場かけの工夫として，内容の習熟度，グループ形態，ワークシートの有無という３つを変化させ，足場かけを多く設けた１回目（教えあい１）と，2010年度の実践と同じく足場かけが少ない２回目（教えあい２）という形で教えあいを２回実施した。まず，教えあい１では，生徒にとって習熟度の高い内容を扱った。学校の教員とも相談の上，教えあい１の内容は前の学期の範囲とし，生徒にとって難しすぎないレベルのものを選定した。一方，教えあい２では，予備実践と同じく，既習ではあるが試験はまだ終えていない，習熟度が低い内容を扱った。第２に，ワークシートの有無を変化させた。教えあい１ではワークシートが用意され，そこには，やりとりする内容や内容に即したプロンプトが示されていた（詳しくは後述）。ワークシートを与えたのは，情報の関連づけと相互的なやりとりを目指す準備（教え手は説明の準備，聴き手は分からないことの明確化）および意識化を促すためであった。一方，教えあい２では，ワークシートを与えず，中間試験の範囲から自分たちで内容を選定させた。第３に，グループ形態について，教えあい１では，４人グループの中で２人ペアを２組設定させた。グループ内で２つのペアが並行して教えあいを行う並行ペアワークを設定したのは，これにより，どの生徒も説明と質問の機会を持つとともに，片方のペアのやりとりが停滞したときでも，もう片方のペアのやりとりを参照できると想定したためだった。一方，教えあい２では，予備実践と同じく４人グループでやりとりを行った。以上の改善点を表７.１として示した。

さらに，本研究では質の高い教えあいがなされたか，学習方略の自発的使用は向上したかを調べるため，表７.２に示した従属変数の測定を行う。まず，教えあいの質に関する変数として，８クラスのうち１クラスを対象に，教えあい中の発話を記録し，やりとりにおいてどの程度教授したスキルが使用された

表７.１　教えあい講座の改善点

改善の狙い	具体的な改善点
学ぶことや教えることそのものに関する知識を変容させる	・「理解 = 知識が関連づいた状態」を明示的に解説 ・「なぜ」「そもそも」というキーワードを提示 ・講演にて教えあいスキルを活用する機会の設定
自由度を徐々に高める	・１回目と２回目で習熟度の異なる内容を設定 ・１回目ではプロンプトを付したワークシートを用意 ・１回目は並行ペアワーク，２回目はグループワーク

表7.2　研究5の従属変数

従属変数の種類	具体的な従属変数
教えあいの質に関する変数	・教えあい中の発話（1クラスのみ） ・教えあった内容の理解
学習方略に関する変数	・説明方略 ・自律的援助要請方略 ・教えあい方略

かを調べる。具体的には，発話プロトコルからやりとりの中でスキルが使用された比率を算出するとともに，実際の発話事例をとりあげその様相を詳しく調べる。これにより，教えあい講座がやりとりのどういった側面には効果をもたらし，どういった側面には効果をもたらさなかったのかを検討できると考える。また，教えあいの質に関する2つ目の従属変数として，講座の前後で1回目の教えあいで扱う内容についての理解状態を測定する。もし，教えあいにおいて質の高いやりとりがなされていれば，教えあいを経て内容理解が深まることが予測される。

さらに，日常的な学習場面における学習方略の使用についても測定を行う。説明によって自分の理解状態を明確化しようとする説明方略と，他者に問題の考え方をたずねる自律的援助要請方略を取り上げる。さらに，友人との教えあいを行うようになったか（教えあい方略）も調べる。なお，学習方略の使用を測定する際には，抽象的な文を提示する一般項目式の方法が用いられることが多いが，本研究ではより具体的な場面においても同様の回答が得られるかを確認するため，具体的場面を想定させる場面想定法を併用して調査を実施した（cf. McCabe, 2011）。

7.2　実践と調査の概要

7.2.1　参加者

本実践は，2012年9月から10月にかけて「総合的な学習の時間」6時間分を使い，関東圏にある県立A高等学校で行われた。A高校は県内の中堅校だった（参考として，80%の合格基準となる偏差値は当時56だった）。教えあい講座の

表7.3　教えあい講座の構成

回（日にち）	構成	トピック
1回（09/05）	講演1	学習方法を学ぶ意義
2回（09/14）	講演2	望ましい学習観と学習スキル
3回（09/19）	講演3	望ましい教えあいと教えあいのスキル
4回（09/26）	教えあい1	研究者が設定した内容で教えあい
5回（10/03）	ふり返り講演	教えあい1のよかった点，改善可能な点
6回（10/10）	教えあい2	生徒自身が設定した内容で教えあい

構成を表7.3に示した。対象は，1年生8クラス320名であった。ただし，従属変数の測定の都合から，分析の対象になったデータは指標により異なった(詳しくは後述)。実施の際，担当教諭からデータ収集の許可を得るとともに，質問紙の表紙には協力は任意であること，質問紙への回答は成績とは関係がないことを明記した。

7.2.2　調査の概要と手続き

教えあい講座の前後に，教えあい1で取り上げた内容についての理解を測定するテストと学習方略をたずねる質問項目を含む質問紙調査を行った。調査は，教えあい講座の事前（1週間前），事後（講座終了から2週間後），遅延（講座終了から2ヶ月後）の計3回実施された。授業時間やホームルームの時間に調査への同意を得た後，各クラス担任の指示により生徒が回答した。なお，遅延調査は，調査の負担を考慮し，内容理解テストを除外するとともに，各担任に協力を要請したものの協力は任意とした。

7.2.3　実践の流れ—前半（講演）—

以下では，前半と後半に分け，講座設計のポイントを中心に講座内容を解説した。講演を中心とした前半では，「理解とは知識が関連づいた状態」であることを伝えるとともに，理解を目指したやりとりを実施するためのスキルを教示し，生徒が使用できるよう促すことを目指した。なお，参考までに，講座で用いた資料は研究プロジェクトのワーキングペーパーとしてウェブ上に公開されている（植阪・Manalo, 2013)。

（1）講演 1

講演 1 は導入として位置づけられ，学習法を学ぶ意欲を喚起する目的で「学習法を見直し，成果があがる学習を行う」というテーマで構成された。「効果的な学習とはどういうものか」についての認識である学習観（市川・堀野・久保, 1998）の知見を踏まえ，丸暗記ではなく意味を理解し，問題の答えだけでなく考え方を把握し，練習量のみならず工夫して学習することで，努力を成果に結びつけられることを，講演者の体験談も交えながら解説した。また授業の最後には感想の記述を求めた（講演 2 も同様）。

（2）講演 2

2 回目の講演は，更なる詳細として「理解とは知識が関連づいた状態であること」,「理解を達成するため『そもそも』『なぜ』を意識しながら学習すること」を解説した。まず，問題と答えを丸暗記するよりも，意味や規則，原理を理解することで，応用の効く知識を効率的に獲得できることを述べた。その例として英語の文法規則である「現在形」と「現在進行形」を取りあげた（教材の一

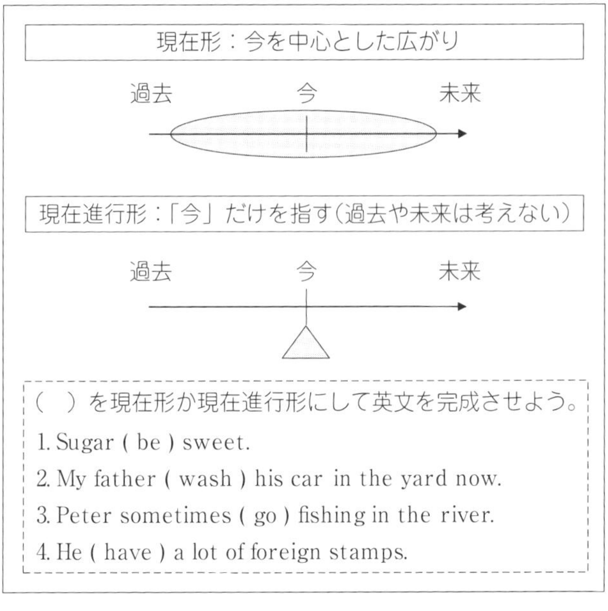
現在形：今を中心とした広がり
過去
今
未来
現在進行形：「今」だけを指す（過去や未来は考えない）
過去
今
未来
（　）を現在形か現在進行形にして英文を完成させよう。
1. Sugar (be) sweet.
2. My father (wash) his car in the yard now.
3. Peter sometimes (go) fishing in the river.
4. He (have) a lot of foreign stamps.

図 7．2　現在形と現在進行形の説明資料と理解確認の問題（講演 2）

部として図７.２）。現在形は「現在を中心とした広がり」を持ち，現在進行形は「今だけ」を指すものである。こうした文法規則の中心的なイメージを解説した上で，英文の穴埋め問題を提示し，意味を理解すれば簡単に問題が解けることを実感させた。

次に，このような理解を達成するための手だてとして，普段の学習において「そもそも」「なぜ」という疑問を考えるよう伝えた。「そもそも○○とは何か」「なぜ△△するのか」といったようなフレーズを活用して学習を進めることで，定義・規則・原理といった観点からの関連づけが促されると考えられた。また，定義や規則にあたる情報は，授業で解説されたり，教科書・参考書に記載されたりすることが多いため，それらをリソースとして活用するようあわせて伝えた。ほとんどの生徒が好意的かつ意欲的な感想を記し，例えば「『そもそも』『なぜ』を口ぐせにして，これから学習法を変えて勉強頑張りたいと思います」「理解するってことがどれだけ大切か分かった」「英語の例がすごく分かりやすかった」「これからは丸暗記をしないようにしたい」などの感想が見られた。

(3) 講演３

講演３では，まず「教えあいによって理解を深められる」という教えあいの意義と，「理解を深める教えあいを行おう」という教えあいの目的を伝えた。さらに，前回の復習として「理解とは知識が関連づいた状態」であることを確認した後，「そもそも」「なぜ」を考えるというポイントに加えて，「具体例や図表をつける」という理解を深めるための教えあいスキルを提示した（図７.３）。定義や規則にあたる情報は教科書や参考書に記載されることが多いと前述したが，定義や規則は抽象的な言語で記されるため，分かりづらい場合も少なくない。よって実際の学習では，抽象的な定義や規則に対応する具体例や図表を活用することが重要だと考えた。さらに，もう１つのスキルとして，聴き手が本当に理解したかを確認するため，教え手が説明した後は，教え手と聴き手の役割を交代し，聴き手が説明する段階を設けることを示した（図７.３における「理解を確認」）。

次に，スキルを提示しただけでは実際の使用に至らないと思われたため，やりとりのモデルを示した。具体的には，既習内容である数学（関数）の「変化の割合」の問題を題材に，避けるべき質問・説明（悪い例）と，行うべき質問・

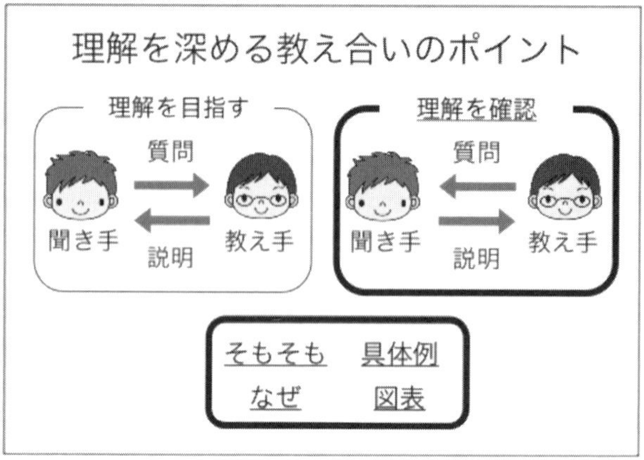

注）太線の枠と下線の箇所が講演にて強調したスキルを表す

図７.３　教えあいのポイント（講演３）

説明（よい例）を示した。問題は「xは３から８まで変化し，yは２から12まで変化したときの変化の割合を求めよ」というものであった。例えば，悪い説明の例として，「変化の割合の問題はxの変化量でyの変化量を割る」という演算の手続きのみを説明した発話を示した。一方，よい説明の例としては「そもそも変化の割合はxが増える量に対してyがどれくらい増えるかを表したものなんだよ」といった定義を示す発話の他，演算手続きの理由，実際に数値を入れた具体例，図表を用いた説明を示した。

さらに，３回目の講演の主要な活動となったのが，質の低い教えあいの発話例を示し，よりよい教えあいにするためにはどうしたらよいかを考える活動であった。この活動は，教授されたスキルや示されたモデルを生徒自身が応用する課題として設定された。発話例は，英文法の不定詞を使用した文を訳せなかった聴き手が教え手に答えをたずね，教え手は答えのみを述べるというものだった。10分ほど考えさせてから，隣の人と意見を交換した後，生徒にどんなことに気づいたか発表を求めたところ，「答えのみをたずねる質問をしている」，「説明の後に理解確認をしていない」といった問題点を指摘した。その後，見本となる改善案として，やはり「理解を目指す」「理解を確認」の２つのフェイズに沿って，聴き手と教え手それぞれについて望ましい質問や説明の発話例を示した。

なお，講演3の終わりには，次週に行う教えあい1のため，次のことを求めた。まず，4人グループを作らせ，その中で2人ペアを2組設定させた。加えて，ワークシートに記された4問の問題をペアで分け，1人2問ずつ説明役を

教えあいワークシート

※ 全員が9/26(水)までにすべての問題を解いてくること（答えは最後のページ）
※ 自分の担当した箇所は、問題を解くことに加え、他の人にうまく説明できるように準備を進めておくこと

1．化学（用語）　教え手＿＿＿＿＿＿＿＿　聞き手＿＿＿＿＿＿＿＿

原子の構造に関する記述①～④について正しいものをすべて選べ
① 原子において、陽子の数と中性子の数は常に等しい。
② 原子において、陽子の数と原子番号は常に等しい。
③ 陽子は正電荷を、中性子は負電荷をもっている。
④ 陽子の数と中性子の数の和を、質量数という。

解答欄＿＿＿＿＿＿＿＿

MEMO

以下の欄に説明の準備や教え合いでわかったことなどを書こう

★答えだけではなく、「そもそも」や「なぜ」を大事にしよう
（「そもそも陽子とか中性子、質量数って何？」「なぜ陽子、中性子という用語になっているの？」など）

図7.4　教えあい1で用いたワークシートの一部

担当するよう伝えた。生徒にはワークシートを配布し，教えあい１までに，すべての問題を解き答えを確認すること，説明を担当する問題については「そもそも」「なぜ」を答えられるよう準備することを課した。

ワークシートは，様々な教科の既習事項から内容を選定し，問題を解く形式をとった。具体的には，化学（原子構造），古典（動詞の活用），英語（現在完了），数学（２次関数）から問題を作成した。また，理解を目指したやりとりを促すため，あえて問題の答えを最後のページに載せるとともに，プロンプトを示した上で，説明を担当した箇所については問題を解くだけでなく，他の人にうまく説明できるよう準備しておくよう求めた。例えば，図7.4に示したように，化学では「陽子の数と中性子の数の和を質量数という」などの命題の正誤判断を取り上げた。原子の中には陽子，中性子，電子という粒子が存在するが，電子の重さは無視できるほど小さいため，質量数の計算には電子は含まれない。このような情報の関連づけを促すため，ワークシートには「答えだけではなく，『そもそも』や『なぜ』を大事にしよう」という原則とともに，「そもそも陽子とか中性子，質量数って何？」といった内容に即した質問の例も示された。

7.2.4　実践の流れ―後半：教えあい―

後半は，プロンプトを挿入したワークシートなどの足場かけを設けた１回目の教えあい，１回目の教えあいのよかった点と改善点をふり返ることを企図したふり返り講演，足場かけを外した２回目の教えあいを実施した。教えあいの自由度を高めつつ，合間にふり返り講演を行うことでスキルの意識化を促した。

(1) 教えあい1

教えあい１では，筆者らが作成したワークシートを元に，化学，古典，英語，数学の順で生徒に教えあいを行わせた。学級担任が10分を目安に次の問題に進むよう指示した。教えあい１の最後には，生徒に対して自分の教えあいのよかった点，改善点，普段の学習に取り入れようと思った点，その他感想を記すよう求めた。なお，教えあいの間，筆者たちはふり返り講演の材料として用いる，生徒同士のやりとりをビデオカメラで記録した。記録の方針として，教授されたスキルを実行したよいやりとりと，逆に問題のあるやりとりをバランスよく記録するよう心掛けた。教えあい１の後，教えあいの記録を筆者間で共有・議論し次時のふり返り講演でとりあげる内容を決定した。

(2)　ふり返り講演

まず講演３で学んだポイントを確認した上で，実際の発話例も交えながら，教えあい１で見られた問題（図を用いた方が分かりやすい箇所でも教え手が図を用いていない，教え手が説明した内容を聴き手が理解したか確かめていない）を示し，図を用いたり，聴き手の理解を確認したりするというポイントを再度強調した。また，聴き手が分からないことを積極的に表明すること，さらに，「そもそも」「なぜ」が分からないときは教科書や参考書などを活用することでやりとりがより深まることも解説した。また，これらのポイントは普段１人で学習を進める際にも意識するよう伝えた。

ふり返り１で述べたポイントを確認する活動として，実際のやりとりを元にした発話記録を生徒に示し，よいと思った箇所を線で引くよう求めた。取り上げた発話は「陽子は正電荷を，中性子は負電荷を持つ」という命題の正誤判断に関するものだった（答えは誤り）。発話では，教え手の説明に対し聴き手から「そもそも電荷とは何か」と質問がなされ，２人で教科書を確認する様子が示されていた。生徒に線を引いた箇所の発表を求めたところ，「『そもそも』を質問しているところ」，「教科書を使っているところ」の２点を指摘した。ふり返り講演の最後に，次の教えあい２において班で扱う教科と内容，誰がどの教科で説明役となるかを決定させた。また，教えあい２までに班で扱うテーマについて説明などの準備をしてくるよう求めた。

(3)　教えあい２

教えあい２では，2010年度と同じ方法で教えあい活動を行った。具体的には，日常的な教えあいを促すために，研究者が問題を設けることはせず，生徒自身が主要５教科の中間考査の範囲から教えあう教科と内容を選定した。また，教えあい１で設定したグループ（４名１班）のもと，１人が他の３人に説明するという形で実施した。ふり返り講演の最後に，班で扱う教科と内容，誰がどの教科で説明役となるかを設定させた。また，次週の教えあい２までに自分が教えるテーマについて説明の準備をしてくるよう求めていた。教えあい当日は，班で扱うテーマやペースに違いがあったため，担任から説明役を交代する指示は出さず，班ごとの進捗にゆだねた。こうした形式だと全員が教え役を務めたかは判断できないものの，一人ひとりが納得できるまでやりとりを行えることを重視した。授業の最後には，教えあい1と同じ内容について感想を記入させた。

7.2.5　従属変数の測定

教えあいの質を反映する指標として，教えあい中の発話を測定するとともに，教えあい1で取りあげた教科内容の理解を問うテストを実施した。さらに，学習方略として説明方略，自律的援助要請方略，教えあい方略の3つの方略を測定した。学習方略については普段の学習で用いている程度をたずねる質問項目に基づく回答と，具体的な場面を想定させその場面で用いる方略をたずねる場面想定法に基づく回答をそれぞれ求めた。

(1) 教えあいでのやりとり

「総合的な学習の時間」部会委員であった教員のクラスで，クラス全員の生

表7.4　発話の分析カテゴリー

カテゴリー	下位カテゴリー	定義	発話例
教え手の説明	説明の主題	単なるルールや手続きの説明ではなく，「なぜ」「そもそも」に関する内容が含まれている。	(「なぜ電子は質量数に入らないのか」という質問に対して) 電子はちっちゃすぎて，すごく小さくて，計算に入れても大して変化がないから…
	具体例	具体例を述べている。ただし，教えあい1ではワークシートに記載された例を除く。	(cannotの「可能性がない」という意味を説明した後) 例えば，the story cannot be true っていう文だったら…
教え手の質問	診断的質問	説明の前に，聴き手の分からないことを確認する質問をしている。	古典の分からないところはなんですか。
	説明の要請	説明後，聴き手が理解した内容を説明するよう求めている。	じゃあ，現在完了形について説明してみてください。
聴き手の質問	自己診断	教え手の説明の前に，自分の分からない点を明確化したり質問したりしている。	オーラルコミュニケーション分かんないんだ。特にね，前置詞をつける時がよく分かんない。
	理解確認の質問	教え手から提供された情報の中でも「なぜ」「そもそも」に関してよく分からない点を伝えたり質問したりしている。	イオンってそもそも何？
聴き手の説明		教え手の説明の後に，聴き手自身が説明を行っている。ただし，キーワードを繰り返しただけの断片的な説明は除く。	(教え手が) 言ってくれたことを俺が確認すればいいんですよね。範囲がこの時だから，そのグラフに対して右よりか，軸をまたがってるか，左よりかを分けて…

徒（40名）にICレコーダーを配布し，教えあい１と２でのやりとりを記録した。やりとりにおいて教授したスキルがどの程度見られるかを確認するため，表7.4のカテゴリーを設け，当該の発話の有無をコード化した。ただし，図表の作成については発話のみからは有無が判断できないため，カテゴリーには含めなかった。表7.4のカテゴリーは図7.3に示した教えあいのポイントに対応しているため，すべてのカテゴリーにおいて高い値が認められることが期待された。ただすべてのカテゴリーにおいて一様に教えあいの質が向上するかは定かではなかったため，明確な仮説は設けなかった。

分析の単位は教科ごとのやりとりとした。教えあい１では20ペアが４教科について教えあいを行ったため，80件のやりとりが収集された。教えあい２は，10グループが教えあいを行ったが，グループによっては時間の都合上４人全員が説明を行えなかった。そのため，分析対象となったやりとりは33件となった。教えあい２は４名グループで実施されたため，聴き手となる人数が３名存在したが，聴き手ごとにカテゴリー行動の有無をコード化すると，他の人が質問したため自分は質問をしないといった影響を受けると考え，いずれかの聴き手が当該の行動を示せば「あり」とコード化した。教育心理学を専攻する大学院生２名が基準に沿って独立にデータをコード化した。コード化の一致率を算出したところ，全体で78%であった。不一致箇所は２名の合議により最終的な値を決定した。

(2) 教科内容の理解

教えあいの質が高ければ，やりとりした内容について理解が深まると想定し，教えあい１で取り上げたトピックに関する４項目のテストを作成した。化学は「原子において陽子の数と電子の数が等しくなっている理由」を，古典は「上二段活用の規則および特徴」を，英語は「『Kateは３年間京都に住んでいる』という文を英訳する場合，Kate has lived…のように “has lived” にする理由」を，数学は「$y = x^2 - 2ax + 1$（$0 \leqq x \leqq 1$）の最小値を求める際，式を$y = (x - a)^2 - a^2 + 1$の形に変形する理由」をそれぞれ記述させた。作成した採点基準に基づき，各教科における生徒の回答を０点（空欄もしくは誤った記述）と１点（正しい記述）にて採点した。採点基準を作成し筆者が採点を行った。評定者間一致率を算出するため，教育心理学を専攻する大学院生に40名分のデータの採点を求めたところ，全体の一致率は94%だった。不一致箇所は合議にて決定した。

(3) 学習方略

一般項目と場面想定法によって学習方略を測定した。普段の学習方法について調べるという全体的な目的を伝えた上で，一般項目については，この2週間の自分の勉強を思い出して，項目にあてはまる程度を評定するよう求めた。また，場面想定法では，3つの仮想的な場面と3つのとりうる行動を示し，各行動に当てはまる程度をたずねた。なお，提示されたもの以外の行動をとる場合は，自由記述欄にどんな行動をとるかを記述させた 。なお，いずれの方略も，この2週間の自分の勉強を思い出してどの程度あてはまるかをたずね，5件法で回答を求めた（1「全くあてはまらない」，2「あまりあてはまらない」，3「どちらでもない」，4「まあまああてはまる」，5「大変よくあてはまる」）。以下，各方略について説明を加えた。

説明方略　市川（2000）や研究3に基づき，学習内容を説明することで自分が本当に理解しているかを確かめる方略を測定した。質問項目としては，「学習した後，他の人に説明できるか考える」，「周りの人に説明してみて理解できたかチェックする」，「学習したことを自分で説明できるか試してみる」という3項目を作成し用いた。α係数はいずれの時期においても十分な値が確認された（事前，事後，遅延から順に.77，.83，.86）。場面想定法では，「テストのために勉強をしており，教科書とノートを一度読み終わった場面」を想定させ，次にとる行動として「繰り返し教科書とノートを読む」「重要な用語を暗記する」「自分で内容を説明できるか試してみる」という3つの行動を示した。「繰り返し読む」「重要な単語を暗記する」という選択肢を含めたのは，先行研究（Karpicke, Butler, & Roediger, 2009; 吉田・村山，2013）において効果的でないにもかかわらず比較的多くの学習者が示す行動であることが分かっていたためであった。

自律的援助要請方略　答えだけでなく考え方を含めて教えてもらう自律的援助要請方略を測定した。質問項目として，瀬尾（2007）が作成した3項目を用いた（「考え方が分からないときは人に聞いてみる」，「質問では，答えだけでなく，考え方も教えてもらう」，「質問では，自分がしっかり分かるまで教えてもらう」）。場面想定法では，「テストのために勉強していて，分からない箇所があった場面」を想定させた。次にとる行動として示したのは,「そこを理解するのをあきらめる」,「先生や友達に答えだけ教えてもらう」,「先生や友達に考え方を教えてもらう」だった。α 係数を算出したところ各時期において高い数値が認められた(事前，事後，遅延から順に.86，.84，.89)。あきらめるという明らかに非効果的な行動に加え，先行研究で明らかにされている依存的援助要請行動に対応させた「答えだけ教えてもらう」という選択肢を設けた(瀬尾, 2007)。

教えあい方略　教えあいが増加したかを調べる目的で,「周りの人と学習したことを教えあう」という項目を作成し，あてはまる程度を回答するよう求めた。さらに，教えあい方略が理解を深める上で有効なやりとりになっているかを確認するため，場面想定法によって「テストのために友だちと一緒に勉強している場面」を想像させ,「重要な単語を覚えているか互いにテストする」,「よく分かっている方が一方的に教える」,「なぜそうなるのかといった考え方を2人で話しあう」という行動についてあてはまる程度をたずねた。3つの選択肢のうち前者2つは，2010年度の実践で観察された，不適切な教えあいの行動を参考に作成した。

7.3　結果

7.3.1　教えあいの質に関する結果—教えあい1の分析から—

講座により教えあいの質が高まったかを検討するため，1クラスを対象とし

表7.5　教えあい行動の分析結果

		教えあい1 (n = 80)	教えあい2 (n = 33)
教え手の説明	説明の主題	83%	85%
	具体例	31%	61%
教え手の質問	診断的質問	35%	55%
	説明の要請	11%	6%
聴き手の質問	自己診断	70%	82%
	理解確認の質問	31%	58%
聴き手の説明		18%	33%

た教えあい1の発話分析から，教授したスキルがどの程度使用されていたかを比率で示した（表7.5）。なお，表7.5では教えあい2の結果も示されているが，グループの形態や教科内容が異なるため，教えあい1と2の比較は行わなかった。

教えあい1で比較的高い比率が確認されたのは,「説明の主題」(83%）と「自己診断」(70%）であった。さらに，スキル使用の様相を捉えるため，実際のやりとりを以下に示した（G3はグループ3を表す。以下同様)。

G3-A　：1番の，Bobなんとか an English book ってあるじゃん。
（“Bob (　) an English book.” という問題について）
G3-A　：Bobは英語の本を読んでいるって，何々しているじゃん。
　　　　：何々しているっていうのは，現在進行形っていって，今の動作を表すことなの。
　　　　：図に表すと，今，過去，未来，ってあって。
　　　　：この現在進行形っていうのは，今だけの，
G3-B　：今の期間だけ？
G3-A　：のことを表すのね。

英語の現在進行形と現在形は日本語にするとどちらも「何々している」となりうるが，教え手であるAは時間軸に沿った図を用いることで両者がどう異なるかを整理していた。

また，以下のやりとりのように，自己診断を積極的に行う様子も確認された。

G9-A　：じゃあ2番の，なんでここは現在完了になるの。
G9-B　：なんで現在完了か。
　　　　：え，なんだろう，うちが分かんない。
G9-C　：うち分かるんだけど。
（隣のペアとやりとりを始める）

このやりとりでは，聴き手であるAがはじめに「なぜ2番の問題が現在完了に

なるのか」を質問することで，自分の分からない点を明確化している。これらの結果は，教え手も聴き手も理解を目指したやりとりを積極的に行ったことを示唆する。

ただし，教えあい１において教授したすべてのスキルが十分使用されたわけではなかった。表３を見ると，教え手の説明後の理解確認は十分になされておらず，教え手の「説明の要請」や聴き手の「理解確認の質問」はいずれも低い比率だった。例えば，先のグループ３のやりとりは以下のように続いた。

G3-A ：だからBob isで，readにingをつけてreading an English book。
G3-B ：おおー。
G3-A ：オッケーですか？
G3-B ：オッケーです。

教え手が説明した後は役割を交代し，聴き手が説明，教え手が質問することを強調していたものの，そうした行動は多くは見られなかった。また，「そもそも」「なぜ」を問うても，それに対する答えを導出できないままやり取りを終えてしまうケースも散見された。

G9-D ：なんでat Japanじゃなくてin Japanなんですか？
G9-A ：そんくらい分かるだろ。
　　　：広いか狭いかだよ。
G9-D ：あ，日本の中に住んでるからinなんだよ。
G9-B ：そうなんだけど，当然すぎてなんともいえない。

このやり取りでは聴き手であるＤから「なぜatではなくinを使うのか」という発展的な質問が提示されたものの，参考書を参照したり教師に援助要請を求めなかったため，うまく答えを導出できずそのままやりとりを終えてしまっていた。

まとめると，説明後の理解確認は多く確認されなかったものの，理解を目指す段階では教え手と聴き手双方が「そもそも」「なぜ」を問い理解構築を図っ

表7.6　教科内容のテストにおける事前と事後の正答率（n = 314）

	化学	古典	英語	数学
事前	32%	20%	10%	33%
事後	46%	29%	24%	47%

ていたことが確認された。本講座で，理解とはどのようなものかを明示的に伝えたとともに，講演中の活動やワークシートを通してプロンプトの使用を促したことがこうした効果をもたらしたのだと考えられる。

発話分析は1クラスのみが対象となっていたが，教科内容のテストの結果からも，講演，教えあいへの準備，当日の教えあいを経て，教えあった内容についての理解が深まったことが示された。質問紙に含まれた，教えあい1で扱った内容についての理解テストの結果を表7.6に示した。McNemarの検定を用いて，事前から事後にかけた化学，古典，英語，数学それぞれにおける正答率の変化を検証したところ，すべての教科で有意な向上が認められた（化学は $z = 4.56, p < .01$，古典は $z = 3.09, p < .01$，英語は $z = 5.21, p < .01$，数学は $z = 4.64, p < .01$）。

事後質問紙は講座が終了してから2週間後に実施されたため，生徒は教えあい1のおよそ1カ月後にテストに回答したことになる。にもかかわらず，テスト成績の向上が認められた理由として，生徒の教えあいが，情報の関連づけを目指した，質の高いものになっていたことが1つの要因として挙げられよう。van Blankenstein, Dolmans, van der Vleuten, & Schmidt（2011）は，浅い処理しかなされなかった場合には短期的な保持しかなされない一方で，精緻な説明を行った場合，1ヶ月後にも内容が記憶されていたことを示している。理解テストの得点の上昇には教えあいに先立つ予習の効果なども反映されていると考えられるものの，本実践の効果が持続したのはこうしたメカニズムも背景にあると想定される。

なお，事前テストに比べ相対的には事後テストの正答率の方が高かったとはいえ，事後テストにおいても正答率は最も高い数学で47%，最も低い英語では24%に留まった。本研究で扱った課題が，教科書に記載されている基本的な学習事項であることを踏まえると，50%（低いものだと25%）以下の生徒しか正しく回答できていない状況は，一般的に十分な達成度とはいえないだろう。これは教えあい1において，聴き手の理解状態を確かめる行動が多く生起しなかったといったことにも起因していると思われる。加えて，そもそも，教えあい1で扱った内容は既に試験も終わっていたにもかかわらず，事前テストの成績はかなり低かった。ここから，日々の授業において，生徒の知識の関連づけが十分に達成されていなかったことも伺われる。この結果は1つの高校の生徒を対象に得られたものであるが，藤村（2012）が指摘する，概念的理解の達成が十分でないという日本の児童生徒における学力の特徴とも合致している。日々の授業も考慮した，理解それ自体，あるいは理解を達成する学習法の習得を促す方策については総合考察にて詳述する。

7.3.2　教えあいの質に関する結果―教えあい2の分析から―

講座では，教えあい1のよかった点，改善点をふり返る講演を行った上で，教えあい2を実施した。教えあい2でのスキルの使用状況を検討したところ，やはり教え手における「説明の主題」と聴き手における「自己診断」に高い比率が認められた（表7.5）。プロンプトを与えず，扱う内容の習熟度が低いと考えられた教えあい2でも，「なぜ」「そもそも」についてのやりとりがなされたことは注目すべき結果といえよう。例えば，以下の事例にその様子が見て取れる。

G1-D　：じゃあ，受動態ってなんですか？
G1-C　：受動態は主語が何かをされること。
G1-D　：はいはいはい。
G1-C　：例えば，猫が洗われているみたいな，誰かに。
（中略）
G1-B　：じゃあ，私は猫を飼っているが，猫は私に飼われている。
G1-C　：飼われている。そう，それが受動態です。
G1-A　：おおー。

ここでは，「そもそも受動態とは何か」を聴き手であるDが問い，それに対して教え手であるCから具体例が挙げられている。

また，ふり返り講演で取り上げたポイントを意識したやり取りもなされていた。ふり返り講演では，「そもそも」「なぜ」に関する答えが分からなかった場合には，参考書や他者などの外的リソースを積極的に活用することがポイントの１つとして挙げられていた。以下の教えあいはそれを実際に実行した事例である。

G10-C：わかんないところある？ 他に化学で。
G10-B：じゃあ，式量を使う時，イオン式と組成式以外が式量っていわれてるんだけど，イオン式と組成式の区別がよく分かんない。
G10-A：ちょっと待って，組成式ってどういうもの？
（この後，組成式とイオン式についてやりとりが続くがはっきりとした考えが出ない）
G10-C：分かりませんね。
G10-A：組成式を見よう組成式を。
（教科書を取り出し，索引を調べる）

教科書や他者といった外的リソースを活用することは学習を進める上で非常に基本的な方略であるが，メンバーの知識だけでは十分な関連づけができないケースが存在することを踏まえると，分からなくなったときにどうするかをポイントとして示すことは重要であると思われる。

他方，表7.5に示されている通り，２回目の教えあいにおいてもやはり説明後の理解確認が行われることは少なかった。教えあい２では聴き手が３人いたことから説明を求めづらかったといった要因も影響していると思われるが，聴き手が自分なりに説明を試みることをより積極的に促す工夫が求められるだろう。例えば，教え手が説明を，聴き手が質問を行うフェイズと，聴き手が説明を，教え手が質問を行うフェイズを分けて設定することで，聴き手が説明を聴いて「分かった」と思った内容でも自分で的確に説明することは難しいことを実感させることができるかもしれない。

7.3.3　学習方略に関する結果

2回の教えあいにおいて，理解を目指したやりとりがなされ，教えあい1の内容については実際に理解の促進が確認された。教えあいの中で生徒が説明や質問の有効性を実感したのであれば，普段の学習においても説明や質問，教えあいを用いた学習行動が増大すると予測される。本節では，3回にわたる質問紙調査（事前，事後，遅延）の結果から学習方略の使用における講座の効果を検討した。遅延調査については学級担任に対して回答を任意としたところ，8クラス中6クラスから協力が得られた。そのため，本節の分析は，全調査に参加した6クラス240名を対象とした。欠席や記入漏れに起因する欠損値に対しては多重代入法（Graham, 2009）を用いて欠損値分析を行った。分析はSPSS（ver.21）により実施した。なお，時期や変数を込みにした平均欠損値は9.16であった。

(1)　一般項目の結果

項目平均を算出し，説明方略，自律的援助要請方略，教えあい方略の平均値を図7.5に示した。時期（事前，事後，遅延）を独立変数とした1要因被験者内分散分析を実施した。自律的援助要請については球面性の仮定が棄却されたため，自由度を調整し検定を行った。説明方略（F（2, 478）= 55.08, p < .01）および教えあい方略（F（2, 478）= 4.96, p < .01）には統計的に有意な主効果が得られた。自律的援助要請方略（F（2, 461）= 0.87, *n.s.*）は有意でなか

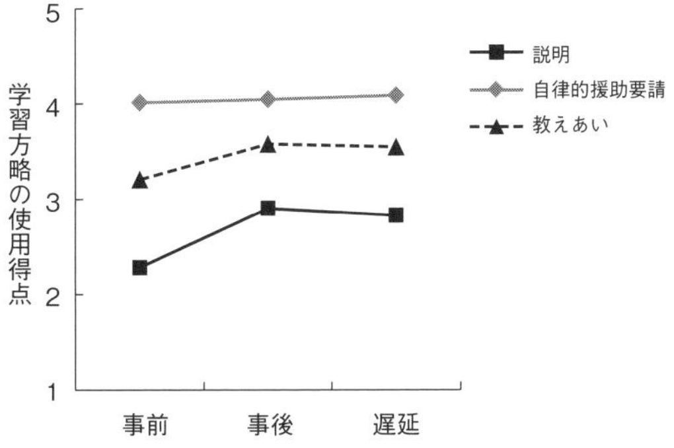

図7.5　一般項目に基づく学習方略の使用得点（n = 240）

った。多重比較（Bonferroni法）の結果，説明方略は事前から事後にかけて値が向上し（$p < .01, d = .60$），さらに事前と遅延の差も有意であった（$p < .01, d = .53$）。一方，教えあい方略は事前から事後にかけた向上は有意傾向であったが（$p = .054, d = .15$），事前と遅延の差は有意であった（$p = .01, d = .19$）。

分析の結果，教えあい講座によって，学習内容を説明することで自身の理解状態をチェックする説明方略の使用頻度が高まった。相手に説明することで，学習内容を言語化することの有用性が実感されたのだと推察される。他方で自律的援助要請には効果が見られなかった。事前の平均値（５件法で4.01）を見ても，もともと生徒は考え方を周りの人にたずねるという方略を比較的よく使用しており，そのため効果が得られにくかったのだと考えられる。教えあい方略については事前から事後，遅延にかけて一定の向上が認められたものの，効果量（Cohenのd）を見れば分かるように，その向上の程度は説明方略に比べて小さかった。１人でも実施可能な説明方略と異なり，実際に他者と教えあいをする教えあい方略は実行コストが高いのかもしれない。

(2) 場面想定法の結果

３つの場面ごとに，時期（事前，事後，遅延）および行動（次にとる３つの行動）の２要因被験者内分散分析を実施した。いずれの場面でも，時期と行動の交互作用が有意となったため，以下では有効な学習行動とそうでない学習行動が講座によってどう変化したのか（つまり各行動における時期の単純主効果）に焦点を当てて結果を記載した。まず，教科書とノートを一読した後の場面に関する結果を図７.６に示した。「繰り返し教科書とノートを読む」，「重要な用語を暗記する」，「自分で内容を説明できるか試してみる」という３つの行動のうち，時期の単純主効果が認められたのは「説明」と「繰り返し読む」という２つであった（前者は$F(2, 460) = 6.03, p < .01$，後者は$F(2, 459) = 13.59, p < .01$）。多重比較の結果によると，どちらの行動も事前と事後（説明は$p < .05$，繰り返しは$p < .01$），事前と遅延（説明は$p = .01$，繰り返しは$p < .01$）における差が有意だった。直接的に指導しなかったものの，「繰り返し読む」という行動が増大したのは積極的に学習を行う姿勢が促進されたためかもしれない。また，事前から事後への伸びを見ると，「繰り返し読む」行動よりも（$d = 0.18$），「説明できるか試す」行動により大きな効果量が得られた（d

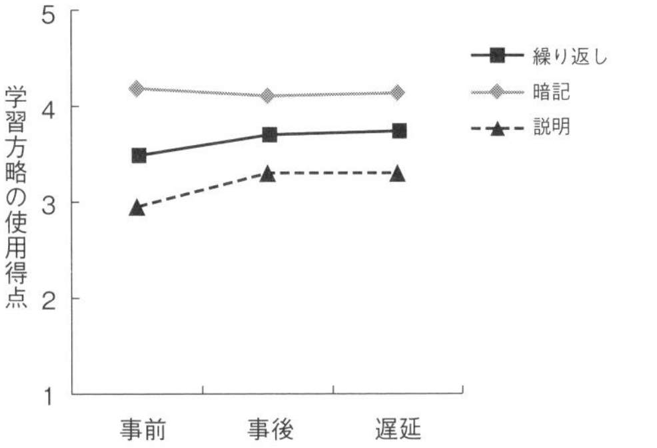

図７.６　教科書とノートを一読した場面での学習方略の使用得点（n = 240）

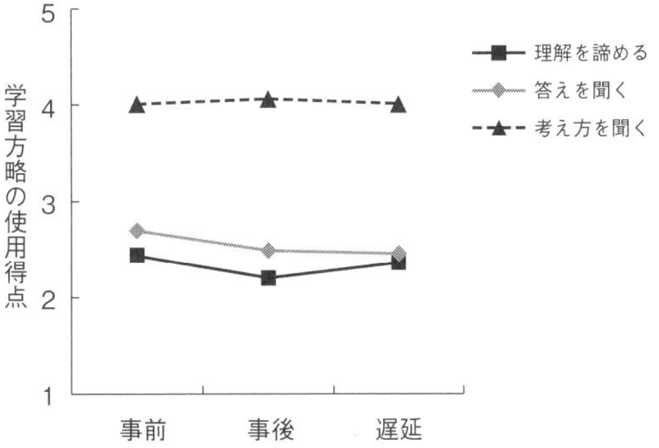

図７.７　分からない箇所があった場面での学習方略の使用得点（n = 240）

= 0.27)。補足的な分析として，説明方略を用いるようになった参加者の数を確認するため，４か５に回答した参加者の数を各時期において算出したところ，事前で235名中78名（33%）であったが，事後では234名中107名（46%），遅延でも234名中106名（45%）が「あてはまる」と回答した。

次に，分からない箇所があった場面の結果を分析した（図７.７）。「そこを理解するのをあきらめる」，「先生や友達に答えだけ教えてもらう」「先生や友達に考え方も教えてもらう」という３つの選択肢において，あきらめると答えを教えてもらうという行動に時期の単純主効果が見られた（前者はF (2, 472) = 6.06, p < .01，後者はF (2, 469) = 6.27, p < .01)。「あきらめる」という行

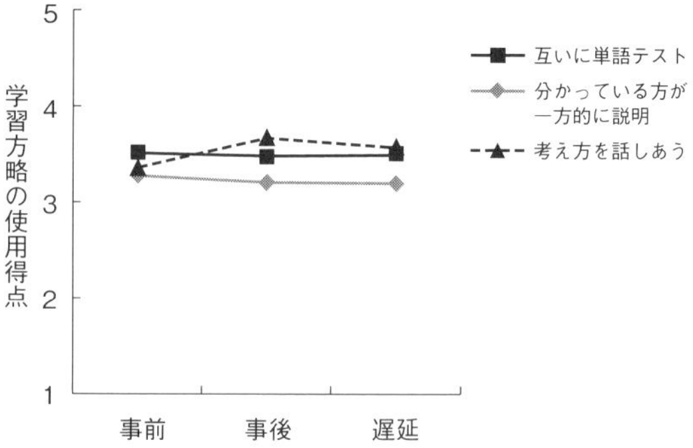

図7.8　友達と一緒に勉強している場面での学習方略の使用得点（n = 240）

動は事前から事後にかけて減少したものの（$p < .01$），事後から遅延でまた上昇する傾向が見られた（$p < .10$）。また，「答えを教えてもらう」行動は事前と事後（$p = .01$），事前と遅延（$p = .01$）の間で差が見られ，減少が維持された。自律的援助要請にあたる「考えた方をたずねる」行動については事前から得点が高く，効果が見られなかったが，不適切な行動が減少するという効果が得られた。特に，答えをやりとりするだけでは不十分と直接的に伝えたためか，「答えを教えてもらう」行動の減少は遅延でも維持された。

最後に，友だちと一緒に勉強している場面についての結果を図7.8に示した。「重要な単語を覚えているか互いにテストする」，「よく分かっている方が一方的に教える」，「なぜそうなるのかといった考え方を2人で話しあう」という行動のうち，有意な差が認められたのは「なぜを2人で話しあう」だった（F(2, 475) = 7.07, $p < .01$）。多重比較の結果，「なぜを2人で話しあう」という行動は事前と事後（$p < .01$），事前と遅延において差が認められた（$p = .04$）。質問項目の分析から教えあいの量が増加したことは分かっていたが，それに加えて，場面想定法の分析から「なぜを2人で話しあう」といった教えあいの質においても向上が見られたことが示された。考え方を2人で話しあう行動をとるようになった参加者数を調べるため，4か5に回答した参加者数を算出した結果，事前は235名中121名（51%）だった一方，事後は231名中150名（65%），遅延は232名中137名（59%）が「あてはまる」と回答した。

7.4　考察

研究5では，学習者同士で教えあいを行う講座を開発しその効果を示した。2010年度に行った実践から，学習者主導の教えあいを求める際，理解の重要性やそのためのスキルを教示しても，一問一答や一方的説明など質の低い教えあいがなされてしまうという課題が明らかとなっていた。さらに，その原因として学習者が学ぶこと・教えることについて乏しい知識しか有していない可能性が考えられた。これを踏まえ，研究5では，適切な足場かけを設定するとともに，教授－学習スキーマの枠組みに基づき，関連づけられた情報を相互的に教えあうよう促す新たな講座を開発した。その結果,教えあいで「そもそも」「なぜ」といった情報の関連づけを図るやりとりがなされたことが明らかとなった。また，介入の結果，内容理解も促進されたことが確認された。

また，本研究では,「教えあい講座が普段の学習場面に対しても転移的な効果をもたらす」という仮説を支持する結果を得た。教えあいに関する研究では,扱った内容の理解や教えあいのスキルには焦点が当てられていたものの（レビューとしてRoscoe & Chi, 2007），日常的な学習における学習方略の使用に対する効果はほとんど調べられてこなかった。本研究の結果，一般項目の尺度と場面想定法のどちらでも説明方略には正の効果が見られた。自律的援助要請は向上が見られなかったが，場面想定法の結果から,「分からないときに答えだけ教えてもらう」といった有効でない学習方略の使用を抑制する効果が得られた。加えて，教えあいを行う行動それ自体が向上すること，さらには，そこでも「なぜ」を積極的に問おうとする姿勢が養われたことが示された。講座の直後だけでなく，2カ月後の遅延調査からも同じ傾向が示されたことから，効果の一定の持続性も認められたといってよいだろう。

本研究では，学習者が持つ学ぶこと・教えることの暗黙的知識である教授－学習スキーマに基づき教えあい講座を実施した。教授－学習スキーマについては，既に類似した概念が知られており，例えば梶田らは「個人レベルの学習・指導論」という概念を提案している（梶田・石田・宇田, 1984）。ただし，梶田らが，学習論は学習者が持つ信念で，指導論は教師が持つ信念に対応すると両者を区別していたのに対して，教授－学習スキーマは，学習者も説明したり教えたりすることについて暗黙の知識を持っていると想定した概念である。教育現場でも学習者同士の教えあいが行われるようになっていることを踏まえると，教授－学習スキーマは，児童生徒が一人で学習する場面のみならず，教えあいや協同といった相互作用を通じた学習場面の分析も可能にするもので，今後の研究の進展に寄与すると考えられる。

また，教授－学習スキーマは，他者と協同的に学びあう様々な活動の有効性を引き出す上でも有用だろう。例えば，ジグソー学習では，異なる資料をグループで分かれて読み，その後，各資料を担当したものが集まり，その内容を説明しあう活動が行われる。しかし，学習者の教授－学習スキーマによっては，説明が一方的になってしまう，聴き手から断片的な情報に関する質問しかなされないといった状況が生まれてしまうと予測される。生徒に対して教授－学習スキーマを教授し活用させることでジグソー学習の効果をより高めることができると考えられる。また，教えあいのみならず，協同的な学びに関する研究全般においても，協同を通じて個人の学習方略の使用を促すという発想は必ずしも一般的でなかったように思われる。協同的な学習を学習法の改善にもつなげるという本研究の発想は，理論的にも実践的にも示唆に富む。

しかし，本研究には課題も残された。１つには，取り上げたスキルのうち，「聴き手の説明」などいくつかは多く使用されなかった。本実践では，教授－学習スキーマに基づき介入をデザインし，教え手が一方的に説明するのではなく，説明を行うことで聴き手の理解も確認するよう強調したものの，十分な効果は見られなかった。日常的なコミュニケーションにおいては，話し手が聴き手に説明を求める，ないし話された内容を聴き手が再度繰り返すのは冗長で非礼だと考えられることから，効果が得られにくかったのかもしれない。聴き手の説明を促すためには，なぜ聴き手が説明をする必要があるかを理解させることが求められる。例えば，聴き手が説明することで聴き手自身自分の理解状態を確認できるとともに，教え手は自分の説明のどこが分かりにくかったのかを知ることができるといったことを実験デモなどを通じ実感させる働きかけが有効に働くかもしれない。

２つ目に，これらの効果が生じたメカニズム，特に教えあいの質と学習方略への転移効果の関連については十分検討することができなかった。本研究では，教えあいの中で説明や質問が理解を促すことが実感された結果，日常的な学習場面でもこれらの方略が用いられることを想定していた。ここから，理解テストの伸びが大きいほど，事前から事後にかけた学習方略の変化量が大きいといったことが予測される。しかし，理解を測定したテストについては教科間の関連性が低く，例えば事後テストでは教科間の点双列相関係数は.03（化学と古典）から.22（化学と数学）であった。そのため，テスト成績を1つの尺度として扱うことは難しく，変数間の関連まで検討することができなかった。関連して，本研究では教えあいの質を高め方略の使用を促すため，教えあいのみならず学習方略に関する講演や予習など様々な働きかけを実施した。そのため，理解テスト得点の上昇や学習方略得点の変化がどのような要因に影響を受けたのかは特定できない。今後の研究において，本研究で示された効果が生じたメカニズムをより詳細に明らかにすることが必要だろう。

最後に，本研究で実施した教えあい講座によって，教えあいの質の向上と方略の転移を一定程度示す結果が得られたとはいえ，本研究で実施したような短期間の講座だけで十全的な学習改善を可能にすることは難しいと思われる。実際，内容理解や質問紙の得点には向上が認められたものの，絶対的には必ずしも高い値は得られなかった。例えば，質問紙の得点を見れば，事後の時点でも説明方略の得点は5件法で2.90と必ずしも高いとはいえない水準にある。内容理解の向上が十分でなかったのは，聴き手の理解を確認する行動が多く生起しなかったことなども一因となっていると考えられるが，そもそも生徒が断片的な知識や手続き的解法を身に着けることを重視しがちなのは，授業やテストで理解が問われることが少ないという要因も影響していると考えられる。よって，学習のあり方を見直す特別な講座を設けるとともに，日々の授業や教育評価において情報の関連づけや相互的な教えあいを求める機会を増やしていくことが必要だろう。教育実践のあり方に関しては第8章において詳しく考察する。

第Ⅳ部
総合考察

第8章

研究のまとめと残された課題

本稿では，5つの研究を通して，自立的に学力を進める基盤となるメタ認知をいかに高められるかを検討してきた。特に，学習を進める最中に働くオンライン・メタ認知と，学習を終えた後に働くオフライン・メタ認知とを区別し，それぞれの働きを促したり，働かせる力を育成することを目指した。第Ⅳ部（総合考察）では，5つの研究の知見を改めてまとめなおすとともに，そこから引き出しうる理論的意義について考察する。また，教育実践に対して本研究が与える示唆についても考察を加える。また本章の最後では残された課題と今後の展望を示す。

8.1　研究のまとめ

第Ⅱ部（研究1，研究2）では，生物学的概念に関する因果関係を学習する際のオンライン・メタ認知を促し育成する方法を検討した。「システムの構成要素の仕組みや機能についての疑問生成や関連づけを直接的に促す」というSBF理論に基づく介入の指針を設けた。具体的には，研究1では，仕組みについて考えることを促すプロンプトとして「機能がどのように可能になっているか」という「どのように」質問を，機能について考えることを促すプロンプトとして「要素が何のためにあるか」という「何のため」質問を設定した。大学生が人体の循環系に関する文章を学習する際，これらSBFプロンプトを与えた群では，実際に仕組みと機能について多くの疑問が生成されるとともに，関連づけが多くなされた。また，その結果，プロンプトを与えなかった群と比較して，文章に明示されていない情報についてたずねたテストの得点が向上した。これらの結果は，仕組みや機能についてのプロンプトを与えることで，学習中の疑問生成や関連づけといったオンライン・メタ認知の働きを促進できることを示すものである。

研究2では，プロンプトを与えない状況であっても，学習者が自ら仕組みや機能について考える力を育成するため，5日間の学習法を学ぶ講座を開催した。中学生を対象に，科学的文章を学ぶポイントとして，「『どのように』質問とその質問への回答を考えること」「『何のため』質問とその質問への回答を作ること」を示した。さらに，実際にポイントを活用させるため，人体の器官の仕組みと機能を考えた上で，読み取った情報をペアで説明しあい教師の解説を聴くという活動を行った。こうした介入の結果，プロンプトを与えずに学習を求めた事後テストにおいても，どのような質問を作るかを解説しなかった統制群と比べて，実験群の参加者は仕組みや機能についての関連づけを多く行い，理解テスト成績も高い傾向にあった。訓練を通して，実験群の生徒が学習中に仕組みや機能について積極的にメタ認知を働かせ，深い理解を問うテストにも答えられるようになったのだと推察された。

オンライン・メタ認知の促進と育成法を検討した第Ⅱ部を受け，第Ⅲ部ではオフライン・メタ認知の働きを高める方法について検討した。先行研究から，学習後の理解度判断を正確に行うには，オンライン・メタ認知を促進するだけでは不十分で，その向上のためには，理解した内容を外化する活動が必要であることが示唆されていた。この仮説を検証するため，後で説明することを予期させながら学習させることでオンライン・メタ認知のみを促す説明予期群と，学習直後に実際説明を産出することでアウトプットも求める説明産出群を設定し，大学生に対して2つの実験を行った。実験では，5つの文章についての学習に続いて，各文章についての理解度評定，そしてテストへの回答が求められた。従属変数となったのは，理解度評定値とテスト成績の個人内連関係数（γ 係数）であった。分析の結果，どちらの実験においても，統制群と説明予期群と比べて，説明産出群に高い γ 係数が認められた。この結果から，たとえ説明を予期しオンライン・メタ認知を積極的に働かせたとしても，学習後，改めて自分の理解状態を判断しようとするときには，学習中に得られた自身の理解状態に関する手がかりは自発的には使用されないことが示唆された。正確な理解度判断のためには，実際に説明を産出することが必要であるといえる。

さらに研究4では，バイアスを指標とした場合でも介入によって理解度評定の正確さを高められるか，また，理解度評定の正確さを高めることで学習方略の使用を促進できるかを調べた。研究4では，大学の心理統計法の授業において，学習した用語を説明した上で，評価基準に基づき回答を自己評価するという活動を実施した。この介入により，理解度判断の正確さを向上させるとともに，学習方略を直接・間接的に教授することを試みた。全14回の授業を事前期と介入期に分け，介入期のふり返り活動においては，2回の理解度評定に加えて用語説明と採点活動を実施した。また，事前期と介入期に1回ずつ質問紙調査を実施し，授業外学習における精緻化と体制化の使用についてたずねた。分析の結果，介入期に実施した活動によってバイアスが低下することが示された。また，事前期と介入期における学習方略の使用頻度を比較したところ，情報を整理するための体制化方略の使用が増加した。さらに，「分かったつもりへの気づき」が大きかった参加者ほど，体制化方略の増加量も大きかったことが示され，オフライン・モニタリングの促進が学習方略の使用をも促進しうることが示唆された。

最後に，研究5ではオフライン・メタ認知を育成する試みとして，学習後の理解度を確認するため学習内容を説明してみる説明方略や，考え方を他の人にたずねる自律的援助要請方略，学んだことを他者と教えあってみる教えあい方略を身に着けるための学習法講座を開発し，その効果を検証した。講座では，高校生を対象に，学習者同士が教えあいを行う活動を設定し，関連づけられた情報を相互的に教えあうよう促した。そのため，「そもそも」「なぜ」を積極的に問う，図や具体例を用いる，教え手だけでなく聴き手も説明してみるといったポイントを示し，ポイントの活用を求めた。講演を中心とした前半と実際の教えあいを中心とした後半，計6時間の講座を実施した。質の高い教えあいがなされたかを調べるため，生徒に示したポイントが実際の教えあいでどの程度活かされていたかを分析したところ，2回の教えあいで「そもそも」「なぜ」といった情報の関連づけを図るやりとりが多くなされていたことが確認された。

また，介入のおよそ1ヶ月後に行われた理解テストの結果からも，教えあった内容についての理解が講座前と比較して向上したことが明らかとなった。加えて，講座の前後に行った質問紙調査の結果，教師に求められずとも生徒たちが自ら説明方略や教えあい方略を用いて学習を行うようになったことが明らかとなった。

8.2　理論的意義

本書では，オンラインとオフラインというメタ認知の区分に基づき5つの研究について報告してきた。本節では，本研究により得られた知見を踏まえ，あらためてその理論的な意義について考察したい。

1970年代に提案されて以降，学習や発達に関わる広範な概念であるメタ認知を整理する試みは様々になされてきた（e.g., Nelson & Narens, 1990; 三宮, 1996）。メタ認知を，学習中に働くオンライン・メタ認知と，学習の前後に働くオフライン・メタ認知に分けることはそうした試みの1つである（Veenman et al., 2006）。しかし，Veenman et al.（2006）などの先行研究ではオンラインとオフラインの別は示されていたものの，両者の認知機能やメカニズムの差異が詳細に検討されていたわけではなかった。これは，発話思考法などを用いた，オンラインでのメタ認知の働きを検討した研究と，理解度評定法を用いた，オフラインでのメタ認知の働きを検討した研究が比較的独立になされてきた（深谷，2012）ということに由来すると思われる。

こうした状況において，本書はオンライン・メタ認知とオフライン・メタ認知の関係性に着目し，その一端を明らかにした。1つには，研究3の結果から，オンライン・メタ認知を高めたとしても，それに伴って自動的にオフライン・メタ認知も高まるわけではなく，オフライン・メタ認知を高めるためには異なる介入が必要となることが示された。こうした結果は，ある介入法に効果が見られたとしても，それがオンラインとオフラインのどちらを対象にしているかを踏まえる必要性があることを示唆する。例えば，第7章でも紹介した相互教授法では，教師やチューターの指導のもと，グループのメンバーに効果的な方略（要約・質問・明確化・予測）を用いて読解とグループ内での対話を求めるとともに，方略を用いる役割をメンバー間で交代していく。こうした活動をくり返すことで，教師やチューターがモデルとして示した方略使用が徐々に学習者に内化され，次第に学習者自身がメタ認知を働かせながら読解を行うことができるようになることが分かっている（e.g., Palincsar & Brown, 1984）。しかし，相互教授法で対象となっているのはオンライン・メタ認知の育成であり，この方法でオフライン・メタ認知も同様に向上するかは明らかでない。したがって，ある介入の効果を解釈する際，メタ認知のどのような側面に効果があったのかを考える必要があるといえる。

さらに，オンラインとオフラインの関係という点でいうと，オフライン・モニタリングを促すことが，次の学習におけるオンライン・メタ認知の働きに影響を及ぼすことも明らかとなった。研究4の結果から，自らの分かったつもりを自覚化させることで，有効な学習方略の使用を促すことが可能となることが示唆された。つまり，授業の最後にオフライン・モニタリングを促進することで，授業外学習を行う際の方略使用をも促進できるのだといえる。先行研究では，オフライン・モニタリングの正確さを向上させることで，再学習の際に理解が不十分な文章を的確に選択できるようになることが明らかにされていた（e.g., Thiede et al., 2003）。しかし，本研究から，オフライン・モニタリングの正確さを向上させることは，「何を学習するか」という側面のみならず，「どのように学習するか」という側面にも影響することが示された。

以上，本研究の意義は，オンラインとオフライン両者の関係を詳細に検討し，「それぞれのメタ認知の働きを高めるにはどのような介入が有効か」や「オフライン・メタ認知を促すことが，その後に続く学習でのオンライン・メタ認知の働きにどのような影響を与えるか」という問いに対して一定の知見を見出した点にあるとまとめられるだろう。

8.3　教育実践的意義

2013年度から高等学校を含み全面的に実施された学習指導要領では，記録，説明，論述，討論といった言語を用いる活動（言語活動）の充実を図ることが方針として示されている（文部科学省, 2008）。この言語活動は，思考力，判断力，表現力等を育成する目的のもと導入されており（文部科学省，2008），言語活動を通して思考力などの高次的な認知能力を養うことが狙いとなっていることが分かる。この方針の特色として挙げられるのは，各教科を通じて言語活動の充実を図るとされている点である（文部科学省，2011）。また，ここでいう言語とは，必ずしも文字だけを指すわけではなく，数式や図表などを含めた広い意味での言語を指している（文部科学省，2011）。これらの様々な情報を理解，表現する過程ではメタ認知が基盤となっているため，言語活動の充実という方針は，まさに本書の主題とも密接に関連していると考えられる。

しかし，第５章でも指摘したように，言語活動の充実に関して，学校現場では課題も存在することが指摘される。例えば，ベネッセ教育総合研究所の調査によると，中学校の研修を担う教員（主幹教諭と教務主任）の多くが，言語活動の充実に関して，教材研究や授業研究の不足（68.6%），指導ノウハウの不足（68.1%），十分な時間の確保が困難（67.7%）といった様々な課題意識を感じているという（ベネッセ教育総合研究所, 2013）。また，どういった狙いで言語活動を設定するのかが不明瞭で，授業の狙いに即した活動になっていない場合があるといった問題も指摘される（水戸部・村山・田村・筒井・杉田・大類, 2011）。時間の確保といった量的な側面もさることながら，研究の不足から指導ノウハウや狙いが確立されていないといった質的な側面に課題が残されていると考えられる。そこで，以下では，本書から教育実践，特に言語活動の充実に関してメタ認知の観点から引き出しうる示唆について考察する。

8. 3. 1　メタ認知を促進するポイント

第１に，質の高い言語活動を促すには，読解や問題解決を求める段階（オンライン），学習内容をふり返る段階（オフライン）のいずれにおいても，意味理解を深める活動を行うことが肝要である。このポイントが重要であるのは，言語活動を設定しても，ともすると児童生徒の活動が，用語や手続き，答えといった断片的な情報をやりとりする活動に堕してしまい，意味理解を深めることにつながらないことがあるためである。実際，研究５で紹介した高等学校での教えあい講座においても，2010年度に実施した１回目の講座では，生徒たちの教えあいが「なに」を問うだけの断片的知識のやりとりに終始してしまっていた。こうした問題が起きるのは，「学習において意味を理解したり考え方を知ることが重要だ」という学習観ではなく，「意味を考えずに丸暗記したり結果さえ分かればよい」と考える児童生徒が少なからず存在するためだと想定される。

言語活動の実施に際して意味理解を重視する重要性は，研究２や研究３の結果からも示唆される。研究２では，単に質問とその質問への回答を作らせるだけのグループよりも，「何のため」「どのように」という知識の関連づけを誘発するような質問の観点を与えたグループの方が，科学的な文章をより深く理解するようになったことが示されていた。また，研究３の結果，断片的な情報を書くだけのキーワード産出ではオフライン・モニタリングは向上せず，「どのような仕組みになっているか」を説明して初めて向上が見られたことが明らかにされている。よって，言語活動の質を高めるためには，児童生徒が記述したりやりとりしたりする中身が意味理解を伴ったものになっているかを常に配慮する必要がある。例えば，児童生徒をペアにして２人で考えたことを話し合う活動において，公式が成り立つ理由や現象の背景にある原理を考えてほしいのに，話し合いの内容が計算手続きや現象の結果に終始してしまう場合などには，児童生徒にとって話し合うべき内容が明確になるような配慮が求められる。

第２に，言語活動の質を高めるためには，「なぜ」や「どのように」といった質問のみを作ることに留まらず，その回答まで考えるよう求めていくことが不可欠だと考えられる。なぜなら，問いに対する的確な答えを導くことができて初めて知識の関連づけが成立したといえるためである。そのため，研究１でも質問を作るだけでなく，その答えも自分で考えるよう明示的に求めていた。また，学習者が本当に内容を理解できたかを確認する上でも，自分なりの考えをしっかりとアウトプットさせる重要性が示唆される。例えば，授業の最後に児童生徒に対して学習感想や自己評価を記述させるとしよう。このとき，「○○とは何かよく分からなかった」といったように断片的な疑問を挙げるだけよりも，疑問に思った内容について自分なりの考えを記す方が，「分かっていることは何なのか」「何が分からないのか」を整理することにつながるだろう。「疑問に終わらずその疑問の回答を自分なりに考えてみる」という指針を示すことは，ふり返りの質を高める上でも有効だと思われる。

第3に，児童生徒が考えたことや説明したことに対して評価活動を行うことで，その質を高めるよう働きかけることも1つのポイントとなる。なぜなら，外化活動を行う際，その内容が不正確，不十分だったりしても，学習者自身はその不正確さや不十分さを把握できないことがあるためである（e.g., Dunlosky et al., 2005; de Bruin et al., 2011）。このような問題を解決するには，研究4で実施したように評価基準を教師から示した上で，自己評価や他者評価を求めることで，どのような点に気をつけながら授業を受けたり，説明を行ったりすればよいかを児童生徒に示していくことが有効だろう。あるいは，児童生徒のよい記述があれば，それを他の児童生徒にも示して「どこがよいのか」を考えるといった活動も効果的だと思われる。

以上，オンラインおよびオフライン・メタ認知を促すためのポイントを3点にわたって考察した。それでは，こうしたポイントをどのような授業設計の枠組みにしたがって実現すればよいだろうか。メタ認知の促進と育成を重視した授業枠組みの一つとして，研究4でも依拠した「教えて考えさせる授業」が参考になる。改めて説明すると，教えて考えさせる授業とは，教師が達成すべき目標を設定する習得型授業の枠組みとして提案されたもので，教師からの説明，理解確認，理解深化，自己評価という4つの段階からなる（市川，2008）。教師からの説明では，その授業で習得が目指される内容が教師から解説される。ここでは，意味理解を重視しながら対話的に説明を行うことが方針として示されている。次の理解確認では，教師から説明された内容を，学習者自身が説明したりすることで理解の確認が図られる。さらに，学んだことを土台として，さらに発展的な課題やつまずきやすい課題に対して問題解決を行う（理解深化）。理解深化では，個人だけでなくグループで協同的に問題解決を行うことが推奨される。最後に，自己評価として授業で分かったこと，まだ分からないことなどを記述し，ふり返りが求められる。

教えて考えさせる授業は，教師の説明と理解確認で獲得した知識を土台とし，問題解決に活用させることで，すべての学習者が深い理解を達成できるよう設計されている。さらに，理解確認や自己評価を通じて生徒のメタ認知を促す活動が設けられている。前述した調査では，言語活動を行う時間が十分でない（ベネッセ教育総合研究所，2013）といった回答も示されていたが，教えて考えさせる授業では4段階の中に理解確認や自己評価などの言語活動が組み込まれている。また，すべての教科に適用可能な枠組みであるため，各教科を通じて言語力を育もうとする言語活動充実の理念に適う授業の枠組みであるといえよう。

8.3.2　メタ認知を育成するポイント

メタ認知の促進に関するポイントを示した前節を踏まえ，本節では，さらに，自らメタ認知を働かせる学習者を育成するためのポイントを考察していく。メタ認知の中でも，学習方略に関する先行研究によって方略の自発的使用に影響を及ぼす要因の検討が行われてきている。自ら学習方略を使用するためには，まず学習方略そのものの知識を持つことが不可欠である（Pressley, 1986）。しかし，方略について知ればその方略を用いるようになるわけではない。これまでの研究では,「その学習方略が学習を進める上で有効である」という認識（有効性の認知）を持つことが，方略の自発的な使用に強い影響を与えることが確認されている（佐藤, 1998; 村山, 2003; 山口, 2012）。Paris & Jacobs（1984）や Uesaka, Manalo, & Ichikawa（2010）などが示している通り，学習方略の自発的な利用を促すには，学習方略そのもの（方略知識）の指導とその有効性を高める指導の2つが必要であるといえる。以下では，メタ認知を育成するために本研究で実施した介入のポイントを整理しつつ，それらのポイントが方略知識と有効性の指導にどう関わっているかを考察する。

1つ目のポイントとして，メタ認知を働かせる方法を一般的なコツとして明示的に示すことが効果的だと考えられる。この点が重要であるのは，ともすると，児童生徒は授業で行われる活動は授業でのみ行うもので，授業外学習においても意識して行うことだと認識していない可能性があるためである。前述したように，犬塚（2008, 研究3）は，中学生を対象に読解方略の学習経験について調査し，多くの生徒が「読み方について指導を受けたことがない」「授業の活動は普段の学習と無関係だ」と認識していたことを報告している。また，Uesaka et al.（2007）は，日本の生徒が図は「教師の説明の道具」と認識しており，「自分の問題解決の道具」であるとは意識していない可能性を指摘している。教師が指導を行っているにもかかわらず，学習者がこのような認識を抱くのは，授業において教師がコツとなるポイントを明示的に，あるいは普段から意識すべきこととして示していないためである可能性がある。本研究でいうと，研究2では，「科学テキストを読むポイント」として機能と仕組みを考えることを挙げていた。また，研究5においても「理解を深める教えあいのポイント」として「なぜ」や「そもそも」を考えることなどを明示的に教示した。先に紹介した「教えて考えさせる授業」においても，説明により理解を確認したり，学習をふり返ったりする活動が設定されていたが，こうした活動は普段の学習においても意識すべきであることを折に触れて確認する必要があるといえる。

また，2つ目のポイントとして，一般的なコツとして示したことがなぜ大切なのかを実感させることも重要な点だろう。1つ目のポイントが学習方略自体についての知識を教えることだとすると，2つ目のポイントはその有効性を実感させることにあたる。特に，研究5では，英文法に関する具体的な題材を用いながら「理解とはどのような状態か」を解説し，意味を理解することの意義を丁寧に解説した。その上で，教えあいのポイントを示す際には「理解を深めるためのコツ」として紹介したため，生徒にも「コツがなぜ大事なのか」が納得感を伴って理解されたと考えられる。また，研究4で示されたように，自らの学習の不十分さを自覚することも方略使用と関連していることを踏まえると，不適切な方略を用いている児童生徒に対して，その方略の不適切さやその結果として「分かったつもり」に陥ってしまう可能性があることを気付かせることも，コツの大切さを実感させる有効な働きかけとなると考えられる。

第3に，一般的なコツとして示しただけでは，具体的にどうすればよいのか分からないため，具体的なコツの使い方を合わせて示すとともに，その活用やふり返りを求めることが挙げられる。研究2でも，例文をもとに「何のため」質問や「どのように」質問をどう使用するのかを解説し，生徒自身にもポイントを活用して文章を読んだり説明したりすることを求めた。同様に，研究5では，モデルとなる具体的な発話例を示した後で，望ましくないやりとりをよいやりとりに改善するためにどうするかを考えさせることでその活用を促した。加えて，研究5では活動したことをふり返る機会も設けており，よかった点と改善可能な点について教えあいの直後に自己評価を求めたり，ふり返り講演を通じて講師からもフィードバックを行った。このように，学んだことを自分でも活用してみる機会を設け，その経験をふり返ったり共有したりすることで，学習方略の用い方を知るとともにその有効性を実感できたと考えられる。

最後に，活動の際の足場かけを徐々に少なくしたことも，メタ認知の育成におけるポイントとして挙げられる。援助を多く与えるのは，メタ認知を活発に働かせるやりとりを経験させるために必要なことであるが，学習者として自立するため，いつかは援助が少ない状況でも自らメタ認知を働かせていくことが求められる。したがって，自立を促すため，足場かけを徐々に外していくということがメタ認知研究の1つの原則となってきた（e.g., Palincsar & Brown, 1984）。例えば，研究2では前半の授業で使用したワークシートには文章中の情報が明記されていたため，生徒は機能と仕組みのどちらを考えればよいかが容易に分かるようになっていた。こうした足場かけは後半の授業にかけて徐々に減らされ，最終的にはヒントが少ない状態で文章中の情報を整理し，質問と回答を考えなければならないようになっていた。同じように研究5でも，1回目の教えあいでは，「そもそも陽子とか中性子，質量数って何？」といったプロンプトが記載されたワークシートを用意したり，習熟度が高い内容をやりとりしたりするなど，多くの足場かけを設けた。その一方，2回目では，ワークシートはなく，テストをまだ終えていない内容についてやりとりを行った。実際の授業においても，ワークシートや活動で求めていることを授業外でも自ら行っていくよう促すためには，こうした指導の工夫を設けることが重要だと思われる。

8.4　限界と展望

最後に，本書で検討できなかった課題について考察を加えることで，今後の展望を示したい。まず，本書はメタ認知を働かせる方法として，「知識を関連づける問いを発しその問いへの説明を考える」，「学習後に改めて自分でその内容を説明してみる」といった方略を取りあげた。しかし，それ以外にも学習者が身に着けるべき方略は存在する。例えば，市川（1993）は，自分の学習をふり返り学んだことを教訓として引き出す「教訓帰納」という学習方略を提案している。教訓帰納は，典型的には，問題を解いた後，「自分はなぜ最初にこの問題を間違えたのか」などを考えることを指す。自分の分からない箇所を明確化したり，次の学習に活かすための教訓を考えたりすることは，自身の認知状態を把握し調節するメタ認知の働きにおいても特に重要だと考えられる（教訓帰納の解説や介入方法は植阪，2010に詳しい）。また，メタ認知が重要な機能を果たすと考えられる領域には，概念的理解以外にも，議論の妥当性を批判的に考える批判的思考（田中・楠見，2007）や新しいアイディアを考えたりする創造的思考（吉田・服部，2002）などが挙げられる。こうしたメタ認知の様々な働きについては別途検討の必要がある。

２つ目の課題として，事前段階―遂行段階―事後段階というメタ認知の一連のサイクルを包括的に扱った理論的および実践的な研究を進めていく必要がある。もちろん，オンラインとオフラインの関係性については本研究でも扱ってきたが，そのアプローチは，例えば，学習中のメタ認知の働きとその学習後のふり返りとの関係といったように，一連の過程の中でも局所的な関係を扱うものだった。しかし，自立的に学習を進めるためには，学習前に的確な目標を立て，その目標を意識しながら学習を進め，学習後には目標が十分達成されたか，不明な点はないかふり返る，といったように，一連のサイクルとして自らの学習を進めていくことが求められる。例えば，植阪（2014）は，家庭学習と授業での学習を，サイクルとして進める力を育てることを試みた小学校の実践を報告している。この実践では，児童に対して，予習を通して分からないことを明確にし，それを自分なりの授業のめあてとすることが促された。児童は，教師の働きかけのもとで，意味理解を目指しためあてを設定しており，また，めあてを設定することで目標意識を持って授業を受け，さらに授業後には，めあてが達成されたか，（達成できた場合）なぜ達成できたかをふり返っていた。このように，事前，遂行，事後の各段階において有効な学習行動をとれることは，自立的に学習を進めるための根幹的な力であると考えられる（関連して，Zimmerman & Schunk, 2011）。

３つ目に，本書でメタ認知の育成を試みた研究（研究２，研究５）はいずれも短期的な講座の形式で実施されたものであった。研究５では，遅延調査を実施しており，効果が維持されていることは確認できたものの，質問紙調査であったため，実際の学習行動が変容し，その変容が維持されたかは未検討であった。学習方法への介入を行っても，変容が短期的で維持されにくいという問題は先行研究でも指摘されている（瀬尾，2013）。また，短期的な講座の問題点として，講座で扱った内容には効果が見られても，扱っていない内容にはその効果が転移しにくいことも挙げられる。例えば，研究５では，講演の中で取り上げられた英文法（時制）については意味理解を志向したやりとりを行ったグループでも，異なる内容に対しては丸暗記志向が反映されたやりとりを行うという場面が観察された。

G9-A　：be shocked atが分からない
　　　　：at って意味は「〜に」ってあるじゃん。
　　　　：なのに，なぜこんなふうに使い分ける必要があるの？
G9-D　：withとかじゃなくて，atにするのはなぜみたいな？
G9-B　：そう考えるんじゃなくて，そう覚えなきゃいけないんだよ。
　　　　：そういう決まりっていう。
G9-A　：あー，そっか，覚えるしかないか。

このやりとりでは，Aが意味理解を目指したよい疑問を発したにもかかわらず，他の生徒からは「そう覚えなきゃいけない」といった発言がなされ，Aも「覚えるしかないか」と疑問を追及せずにやりとりを終えてしまっていた。ここから，学習者の丸暗記を志向した学習観の根強さが推察される。単発で行う学習法講座では，すべての教科や学習内容について扱うことは難しいため，こうした問題を解決するには，普段の授業から教師が意味理解を重視した説明を行うなどして，学習者における意味理解志向を涵養することが重要だと考えられる。

なお，個別学習相談や学習法講座などの取り組みを行っても，指導した方略が維持されにくいという問題が生じる背景には，講座と日々の授業や教育評価との間に差異が存在する可能性が考えられる。例えば，学習法を学ぶ講座において意味理解が重要であり，理解を促す学習法をとるよう強調されたとしても，日々の授業やテスト場面が丸暗記でも乗り切れるようなものであれば，講座の効果が持続しないことは明白である。介入の効果をより高め持続させるには，やはり日々の授業や教育評価と連動させた取りくみが不可欠であろう。例えば，植阪・床（2012）は，教えて考えさせる授業を導入し意味理解を重視した授業を行うとともに，定期テストでも意味理解がなされていないと答えられないような問題を出題することで，生徒の学習観の変容を試みた実践を紹介している。また，瀬尾（2013）は教訓帰納を取りあげ，学習法講座と日々の授業と連携させた実践の効果について報告している。こうしたアプローチは今後ますます発展が期待される。

第4に，本書では青年期以降の学習者が主な対象であり，メタ認知における発達の視点は考慮できていなかった。メタ認知が日常生活や学校教育の中で徐々に育まれていくものだと想定されるが，必ずしもその涵養がうまくいっているわけではない現状も示唆される。一例として，小学校から中学校に進学すると，「勉強の仕方が分からない」という悩みを抱く生徒が増大したり（ベネッセ教育総合研究所，2006），意味理解志向が低下する一方，暗記再生志向が増大したりする（鈴木，2013）といった問題が示されている。こうした変化を引き起こす要因は複数考えられる。例えば，中学校に進学すると，学習すべき内容が増加するとともに内容の抽象度も高くなる。また，成績の順位づけが始まるなど，教育評価の方法も変化する。ただし，これらの問題への対応は，中学校進学後に始めればよいというわけではもちろんなく，小学校との連携のもとで解決が図られるべきだと考えられる。発達の視点を考慮した，メタ認知育成のためのカリキュラムや指導法の開発は，今後の重要な検討課題となる。

5つ目の課題として，本書では「習得」の学習と呼ばれるような学ぶべきことが明確な学習を中心に取りあげてきたが，学習には学習者自らゴールを設定し追及していくような「探究」の学習も存在する（市川，2004）。社会のあり方が変化の激しいものとなるにつれ，探究型の学習の重要性がますます指摘されるようになり，2002年度から実施された学習指導要領では「総合的な学習の時間」が新設されるなど，実際の教育政策としても変化が見られている。探究の学習では，前述した批判的思考や創造的思考がより求められると考えられ，探究の過程におけるメタ認知の役割やその支援について研究を推進していく必要があるといえる。ただし，探究において，習得で培った学力が関連しないわけではないことにも注意が必要である。例えば，自身が設定したテーマに即して調べ学習を行う際にも，資料を読んだり，学んだことを表現したりする力は当然必要となる。習得の中で学んだ内容的な知識あるいは方略的な知識を探究の過程にも転移させることは，その知識の有用性を高める上でも重要である。また，習得と探究の関連でいうと，習得の中で疑問に感じたことを探究課題とすることで，両者を関連づけて学習を深めることも重要である。探究で特に必要となるメタ認知の役割というトピックに加え，習得と探究を結びつけるための学習支援のあり方も今後検討すべき課題である。

■初出一覧

本書は以下の学術論文に加筆・修正を加えたものである。

≪第2章≫

深谷達史（2012）. 理解モニタリングの諸相—オンライン・オフラインモニタリングの関係に着目して— 心理学評論, **55**, 246-263.

≪第3章（研究1）≫

深谷達史（2011）. 科学的概念の学習における自己説明プロンプトの効果—SBF理論に基づく介入— 認知科学, **18**, 190-201.

≪第4章（研究2）≫

深谷達史（2011）. 科学的概念の学習における自己説明訓練の効果—SBF理論に基づく介入— 教育心理学研究, **59**, 342-354.

≪第5章（研究3）≫

Fukaya, T.（2013）. Explanation generation, not explanation expectancy, improves metacomprehension accuracy. *Metacognition and Learning*, **8**, 1-18.

≪第6章（研究4）≫

Fukaya, T.（in press）. Applying metacognition theory to the classroom: Decreasing illusion of knowing to promote learning strategy use. In E. Manalo, Y. Uesaka, & C. A. Chinn（Eds.）, *Promoting spontaneous use of learning and reasoning strategies: Theory, research, and practice*. London, New York: Routledge.

≪第7章（研究5）≫

深谷達史・植阪友理・田中瑛津子・篠ヶ谷圭太・西尾信一・市川伸一（2016）. 高等学校における教えあい講座の実践—教えあいの質と学習方略に対する効果— 教育心理学研究, **64**, 88-104.

引用文献

Ainsworth, S., Prain, V., & Tytler, R. (2011). Drawing to learn in science. *Science*, **333**, 1096-1097.

Ainsworth, S., & Th Loizou, A. (2003). The effects of self-explaining when learning with text or diagrams. *Cognitive Science*, **27**, 669-681.

Alexander, P. A., Graham, S., & Harris, K. R. (1998). A perspective on strategy research: Progress and prospects. *Educational Psychology Review*, **10**, 129-154.

Anderson, M. C. M., & Thiede, K. W. (2008). Why do delayed summaries improve metacomprehension accuracy? *Acta Psychologica*, **128**, 110-118.

Barnett, S. M., & Ceci, S. J. (2002). When and where do we apply what we learn? A taxonomy for far transfer. *Psychological Bulletin*, **128**, 612-637.

Baron, R. M., & Kenny, D. A. (1986). The moderator-mediator variable distinction in social psychological research: Conceptual, strategic, and statistical considerations. *Journal of Personality and Social Psychology*, **51**, 1173-1182.

ベネッセ教育総合研究所(編) (2006). 第4回学習基本調査・国内調査　中学生版　ベネッセ教育総合研究所 <http://berd.benesse.jp/shotouchutou/research/detail1.php?id=3227> (2015年3月21日アクセス)

ベネッセ教育総合研究所(編) (2013). 中学校の学習指導に関する実態調査報告書2013 ベネッセ教育総合研究所 <http://berd.benesse.jp/shotouchutou/research/detail1.php?id=3679> (2015年3月18日アクセス)

Bielaczyc, K., Pirolli, P. L., & Brown, A. L. (1995). Training in self-explanation and self-regulation strategies: Investigating the effects of knowledge acquisition activities on problem solving. *Cognition and Instruction*, **13**, 221-252.

Bower, G. H., Clark, M. C., Lesgold, A. M., & Winzenz, D. (1969). Hierarchical retrieval schemes in recall of categorized word lists. *Journal of Verbal Learning and Verbal Behavior*, **8**, 323-343.

Bransford, J. D., Brown, A. L., & Cocking, R. R. (Eds.) (2000). *How people learn: Brain, mind, experience and school.* Washington, D.C.: National Academy Press. (ブランスフォード, J. D., ブラウン, A. L., & クッキング, R. R.／森 敏昭・秋田 喜代美(監訳) 21世紀の認知心理学を創る会(訳) (2002). 授業を変える　北大路書房)

Bransford, J. D., & Stein, B. S. (1984). *The ideal problem solver: A guide for improving thinking, learning, and creativity.* New York : W. H. Freeman.

Brown, A. L. (1978). Knowing when, where, and how to remember: A problem of metacognition. In R. Glaser (Ed.), *Advances in instructional psychology Vol.1* (pp.77-165). Mahwah, NJ: Erlbaum. (ブラウン, A. L.／湯川良三・石田裕久(訳) (1984). メタ認知—認知についての知識—　サイエンス社)

Chi, M. T. H., de Leeuw, N., Chiu, M. H., & LaVancher, C. (1994). Eliciting self-explanations improves understanding. *Cognitive Science*, **18**, 439-477.

Chi, M. T. H., Feltovich, P. J., & Glaser, R. (1981). Categorization and representation of physics problems by experts and novices. *Cognitive Science*, **5**, 121-152.

Chi, M. T. H., Lewis, M. W., Reimann, P., & Glaser, R. (1989). Self-explanations: How students study and use examples in learning to solve problems. *Cognitive Science*, **13**, 145-182.

Chi, M. T. H., Siler, S. A., & Jeong, H. (2004). Can tutors monitor students' understanding accurately? *Cognition and Instruction*, **22**, 363-387.

Chi, M. T. H., Siler, S. A., Jeong, H., Yamauchi, T., & Hausmann, R. G. (2001). Learning from human tutoring. *Cognitive Science*, **25**, 471-533.

Chiang, E. S., Therriault, D. J., & Franks, B. A. (2010). Individual differences in relative metacomprehension accuracy: Variation within and across task manipulations. *Metacognition and Learning*, **5**, 121-135.

Cohen, J. (1969). The t test for means. In J. Cohen (Eds.), *Statistical power analysis for the behavioral sciences* (pp.17-71). New York: Academic Press.

Cohen, P. A., Kulik, J. A., & Kulik, C. C. (1982). Educational outcomes of tutoring: A meta-analysis of findings. *American Educational Research Journal*, **19**, 237-248.

de Bruin, A. B. H., Rikers, R. M. J. P., & Schmidt, H. G. (2007). The effect of self-explanation and prediction on the development of principled understanding of chess in novices. *Contemporary Educational Psychology*, **32**, 188-205.

de Bruin, A. B. H., Thiede, K. W., Camp, G., & Redford, J. (2011). Generating keywords improves metacomprehension and self-regulation in elementary and middle school children. *Journal of Experimental Child Psychology*, **109**, 294-310.

Duncan, T. G., & McKeachie, W. J. (2005). The making of the motivated strategies for learning questionnaire. *Educational Psychologist*, **40**, 117-128.

Dunlosky, J., & Metcalfe, J. (2009). Judgments of learning. In J. Dunlosky, & J. Metcalfe (Eds.), *Metacognition* (pp.90–117). Los Angeles: Sage Publications. (ダンロスキー, J., メトカルフェ, J.／湯川良三・金城 光・清水寛之(訳) (2010). 学習判断　メタ認知—基礎と応用—　北大路書房)

Dunlosky, J., & Rawson, K. A. (2005). Why does rereading improve metacomprehension accuracy? Evaluating the levels-of-disruption hypothesis for the rereading effect. *Discourse Processes*, **40**, 37-55.

Dunlosky, J., & Rawson, K. A. (2012). Overconfidence produces underachievement: Inaccurate self evaluations undermine students' learning and retention. *Learning and Instruction*, **22**, 271-280.

Dunlosky, J., Rawson, K. A., & Middleton, E. L. (2005). What constrains the accuracy of metacomprehension judgments? Testing the transfer-appropriate-monitoring and accessibility hypotheses. *Journal of Memory and Language*, **52**, 551–565.

Dunning, D., Johnson, K., Ehrlinger, J., & Kruger, J. (2003). Why people fail to recognize their own incompetence. *Current Directions in Psychological Science*, **12**, 83-87.

Ericsson, K. A., & Simon, H. A. (1993). *Protocol analysis: Verbal reports as data* (Rev. ed). Cambridge, M.A.: Bradford Books/ MIT Press.

Flavell, J. H. (1976). Metacognitive aspects of problem solving. In L. B. Resnick (Ed.), *The Nature of Intelligence* (pp.231-235). Hillsdale, N.J.: Lawrence Erlbaum Associates.

Flavell, J. H. (1979). Metacognition and cognitive monitoring: A new area of cognitive-developmental inquiry. *American Psychologist*, **34**, 906-911.

深谷達史 (2010). メタ理解の正確さに影響を及ぼす要因の検討―メタ分析によるアプローチ― 教育心理学研究, **58**, 236-251.

深谷達史 (2011). 学習内容の説明が文章表象とモニタリングに及ぼす影響 心理学評論, **54**, 179-196.

深谷達史 (2012). 理解モニタリングの諸相―オンライン・オフラインモニタリングの関係に着目して― 心理学評論, **55**, 246-263.

深谷達史 (2014). 説明予期が文章理解に及ぼす影響―実験とメタ分析による検討― 心理学研究, **85**, 266-275.

深谷達史 (2015). 心理学における実験研究 山田剛史(編) Rによる心理学研究法入門(pp.35-54) 北大路書房

深谷達史・小山義徳 (2013). 学生による説明活動を取り入れた授業実践―主観的困難と行動的困難の分析― 読書科学, **55**, 115-126.

深谷達史・植阪友理・田中瑛津子・篠ヶ谷圭太・西尾信一・市川伸一 (2016). 高等学校における教えあい講座の実践―教えあいの質と学習方略に対する効果― 教育心理学研究, **64**, 88-104.

藤村宣之 (2012). 数学的・科学的リテラシーの心理学―子どもの学力はどう高まるか― 有斐閣

Glenberg, A. M., & Epstein, W. (1987). Inexpert calibration of comprehension. *Memory & Cognition*, **15**, 84-93.

Glenberg, A. M., Wilkinson, A. C., & Epstein, W. (1982). The illusion of knowing: Failure in the self-assessment of comprehension. *Memory & Cognition*, **10**, 597-602.

Goel, A. K., Gómez de Silva Garza, A., Grué, N., Murdock, W., Recker, M., & Govindaraj, T. (1996). Towards design learning environments—I: Exploring how devices work. In C. Fraisson, G. Gauthier, & A. Lesgold (Eds.), *Intelligent tutoring systems: Lecture notes in computer science* (pp.493-501). New York: Springer.

Graham, J. W. (2009). Missing data analysis: Making it work in the real world. *Annual Review of Psychology*, **60**, 549-576.

Griffin, T. D., Jee, B. D., & Wiley, J. (2009). The effects of domain knowledge on metacomprehension accuracy. *Memory & Cognition*, **37**, 1001-1013.

Griffin, T. D., Wiley, J., & Thiede, K. W. (2008). Individual differences, rereading, and self-explanation: Concurrent processing and cue validity as constraints on metacomprehension accuracy. *Memory & Cognition*, **36**, 93-103.

Guthrie, J. T., McRae, A., & Klauda, S. L. (2007). Contributions of concept-oriented reading instruction to knowledge about interventions for motivations in reading. *Educational Psychologist*, **42**, 237-250.

Hacker, D. J., Bol, L., Horgan, D. D., & Rakow, E. A. (2000). Test prediction and performance in a classroom context. *Journal of Educational Psychology*, **92**, 160-170.

Hacker, D. J., Dunlosky, J., & Graesser, A. C. (Eds.) (2009). *Handbook of metacognition in education*. New York: Routledge.

南風原朝和 (2001). 準実験と単一事例実験 南風原朝和・市川伸一・下山晴彦(編) 心理学研

究法入門―調査・実験から実践まで―（pp.123-152）　東京大学出版会
南風原朝和（2011）. 実験研究 I ―問いを深める工夫―　南風原朝和　臨床心理学を学ぶ 7　量的研究法（pp.71-82）　東京大学出版会
Hausmann, R. G. M., & Chi, M. T. H. (2002). Can a computer interface support self-explaining? *Cognitive Technology*, **7**, 4-14.
Heine, S. J., Kitayama, S., & Lehman, D. R. (2001). Cultural differences in self-evaluation: Japanese readily accept negative self-relevant information. *Journal of Cross-Cultural Psychology*, **32**, 434-443.
Hembree, R. (1992). Experiments and relational studies in problem solving: A meta-analysis. *Journal for Research in Mathematics Education*, **23**, 242-273.
Hmelo, C. E., Holton, D. L., & Kolodner, J. L. (2000). Designing to learn about complex systems. *The Journal of the Learning Sciences*, **9**, 247-298.
Hmelo-Silver, C. E., Marathe, S., & Liu, L. (2007). Fish swim, rocks sit, and lungs breathe: Expert-novice understanding of complex systems. *The Journal of the Learning Sciences*, **16**, 307-331.
細馬宏通（1993）. プロトコル・データの記述と解析　海保博之・原田悦子（編）プロトコル分析入門（pp.106-117）　新曜社
市川伸一（1989）. 認知カウンセリングの構想と展開　心理学評論, **32**, 421-437.
市川伸一（1993）. 認知カウンセリングとは何か　市川伸一（編）学習を支える認知カウンセリング―心理学と教育の新たな接点―（pp.9-33）　ブレーン出版
市川伸一（1998）.「その後」の認知カウンセリング　市川伸一（編）認知カウンセリングから見た学習方法の相談と指導（pp.2-25）　ブレーン出版
市川伸一（2000）. 概念，図式，手続きの言語的記述を促す学習指導―認知カウンセリングの事例を通しての提案と考察―　教育心理学研究, **48**, 361-371.
市川伸一（2004）. 学ぶ意欲とスキルを育てる―いま求められる学力向上策―　小学館
市川伸一（2008）.「教えて考えさせる授業」を創る―基礎基本の定着・深化・活用を促す「習得型」授業設計―　図書文化
市川伸一・南風原朝和・杉澤武俊・瀬尾美紀子・清河幸子・犬塚美輪・村山 航・植阪友理・小林寛子・篠ヶ谷圭太（2009）. 数学の学力・学習力診断テストCOMPASSの開発　認知科学, **16**, 333-347.
市川伸一・堀野　緑・久保信子（1998）. 学習方法を支える学習観と学習動機　市川伸一（編）認知カウンセリングから見た学習方法の相談と指導（pp. 186-203）　ブレーン出版
犬塚美輪（2008）. 中学・高校期における説明文読解方略の発達と指導　博士学位論文（東京大学）（未公刊）
伊藤貴昭（2009）. 学習方略としての他者説明と自己説明が科学的説明文の読解に与える影響　読書科学, **51**, 107-118.
伊藤貴昭・垣花真一郎（2009）. 説明はなぜ話者自身の理解を促すか―聞き手の有無が与える影響―　教育心理学研究, **57**, 86-98.
梶田正巳・石田勢津子・宇田 光（1984）. 個人レベルの学習・指導論（Personal Learning and Teaching Theory）の探究―提案と適用研究―　名古屋大學教育學部紀要, **31**, 51-93.
Karpicke, J. D., Butler, A. C., & Roediger, H. L., III (2009). Metacognitive strategies in student learning: Do students practise retrieval when they study on their own?

Memory, **17**, 471-479.

川口正代司（2007）．根における共生のいとなみ　「植物の軸と情報」特定領域研究班（編）植物の生存戦略―「じっとしているという知恵」に学ぶ―（pp.141-160）　朝日新聞社

Kinchin, I. M., Hay, D. B., & Adams, A. (2000). How a qualitative approach to concept map analysis can be used to aid learning by illustrating patterns of conceptual development. *Educational Research*, **42**, 43-57.

Kindersley, D. (1996). *The Way Things Work 2.0.* [CD-ROM]: DK Multimedia.

King, A., Staffieri, A., & Adelgais, A. (1998). Mutual peer tutoring: Effects of structural tutorial interaction to scaffold peer learning. *Journal of Educational Psychology*, **90**, 134-152.

Kintsch, W. (1994). Text comprehension, memory, and learning. *American Psychologist*, **49**, 294-303.

国立教育政策研究所（2007a）．平成19年度全国学力・学習状況調査　調査結果のポイント　国立教育政策研究所 <https://www.nier.go.jp/tyousakekka/tyousakekka_point.pdf>（2015年３月21日アクセス）

国立教育政策研究所（2007b）．平成19年度全国学力・学習状況調査【小学校】報告書　国立教育政策研究所 <http://www.nier.go.jp/tyousakekka/02shou_chousakekka_houkokusho.htm>（2015年３月21日アクセス）

国立教育政策研究所（2009）．PISA2009年調査国際結果の分析・資料集上巻―分析編―　国立教育政策研究所 <http://www.nier.go.jp/kokusai/pisa/pdf/pisa2009_1.pdf >（2015年３月21日アクセス）

Kolen, M. J., & Brennan, R. L. (2004). Observed score equating using the random groups design. In M. J. Kolen, & R. L. Brennan (Eds.), *Test equating, scaling, and linking: Methods and practices* (2nd ed.) (pp.29-66). New York : Springer.

Lin, L., Zabrucky, K., & Moore, D. (1997). The relations among interest, self-assessed comprehension, and comprehension performance in young adults. *Reading Research and Instruction*, **36**, 127-139.

Lipko, A. R., Dunlosky, J., Hartwig, M. K., Rawson, K. A., Swan, K., & Cook, D. (2009). Using standards to improve middle school students' accuracy at evaluating the quality of their recall. *Journal of Experimental Psychology: Applied*, **15**, 307-318.

Liu, L., & Hmelo-Silver, C. E. (2009). Promoting complex systems learning through the use of conceptual representations in hypermedia. *Journal of Research in Science Teaching*, **46**, 1023-1040.

Macaulay, D. (1988). *The way things work*. London: Dorling Kindersley Limited.（マコーレイ, D.／歌崎秀史（訳）（1990）．道具と機械の本―てこからコンピューターまで―　岩波書店）

MacKinnon, D. P., Fairchild, A. J., & Fritz, M. S. (2007). Mediation analysis. *Annual Review of Psychology*, **58**, 593-614.

麻柄啓一・伏見陽児（1982）．図形概念の学習に及ぼす焦点事例の違いの効果　教育心理学研究, **30**, 147-151.

Maki, R. H., Holder, E. W., & McGuire, M. J. (2001, November). *Metacomprehension of text: A test of the optimum effort hypothesis.* Paper presented at the 42nd Annual Meeting of the

Psychonomic Society, Orlando, Florida.
Maki, R. H., Shields, M., Wheeler, A. E., & Zacchilli, T. L. (2005). Individual differences in absolute and relative metacomprehension accuracy. *Journal of Educational Psychology*, **97**, 723-731.
Maki, R. H., Willmon, C., & Pietan, A. (2009). Basis of metamemory judgments for text with multiple-choice, essay and recall tests. *Applied Cognitive Psychology*, **23**, 204-222.
Mayer, R. E. (1992). *Thinking, problem solving, cognition*. (2nd ed.) NewYork: W. H. Freeman and Company.
McCabe, J. (2011). Metacognitive awareness of learning strategies in undergraduates. *Memory & Cognition*, **39**, 462-476.
McNamara, D. S. (2004). SERT: Self-explanation reading training. *Discourse Processes*, **38**, 1-30.
水戸部修治・村山哲哉・田村 学・筒井恭子・杉田 洋・大類由紀子 (2011). 座談会　各教科等における言語活動の充実とその具体化　初等教育資料2011年 6 月号, 6-15.
文部科学省 (2005). 我が国の高等教育の将来像(答申) 文部科学省 <http://www.mext.go.jp/b_menu/shingi/chukyo/chukyo0/toushin/05013101.htm> (2015年 3 月21日アクセス)
文部科学省 (2008). 中学校学習指導要領解説総則編　ぎょうせい
文部科学省 (2011). 【小学校版】言語活動の充実に関する指導事例集　教育出版
文部科学省 (2012) 新たな未来を築くための大学教育の質的転換に向けて—生涯学び続け, 主体的に考える力を育成する大学へ—(答申) 文部科学省 <http://www.mext.go.jp/b_menu/shingi/chukyo/chukyo0/toushin/1325047.htm> (2015年 3 月21日アクセス)
森田和良 (2004).「わかったつもり」に自ら気づく科学的な説明活動　学事出版
森田和良 (2006). 科学的読解力を育てる説明活動のレパートリー　学事出版
森田和良・植阪友理・深谷達史・村上千春・清河幸子 (2009). 心理学からみた説明の効果と学校における展開—教育現場と大学が協同で提案する説明活動の活用法—　日本教育心理学会第51回総会発表論文集, S48-S49.
村山 航 (2003). 学習方略の使用と短期的・長期的な有効性の認知との関係　教育心理学研究, **51**, 130-140.
村山 航 (2005). PISA・TIMSS の結果概要　東京大学教育学部基礎学力研究開発センター <http://www.p.u-tokyo.ac.jp/coe/sympopaper/murayama2004national.pdf> (2015年 3 月21日アクセス)
村山 航 (2009). メタ記憶の測定 清水寛之 (編) メタ記憶—記憶のモニタリングとコントロール— (pp.41-63) 北大路書房
Muñoz, B., Magliano, J. P., Sheridan, R., & McNamara, D. S. (2006). Typing versus thinking aloud when reading: Implications for computer-based assessment and training tools. *Behavior Research Methods*, **38**, 211-217.
奈須正裕 (1993). 学習相談・学習指導における動機づけ問題　市川伸一(編) 学習を支える認知カウンセリング—心理学と教育の新たな接点— (pp.150-167) ブレーン出版
Nelson, T. O. (1984). A comparison of current measures of the accuracy of feeling-of-knowing predictions. *Psychological Bulletin*, **95**, 109-133.
Nelson, T. O., & Narens, L. (1990). Metamemory: A theoretical framework and new findings. In G, Bower (Ed.), *The psychology of learning and motivation*. Vol. 26. (pp.125-

173). New York: Academic Press.

Nesbit, J. C., & Adesope, O. O. (2006). Learning with concept and knowledge maps: A meta-analysis. *Review of Educational Research*, **76**, 413-448.

Nietfeld, J. L., Cao, L., & Osborne, J. W. (2006). The effect of distributed monitoring exercises and feedback on performance, monitoring accuracy, and self-efficacy. *Metacognition and Learning*, **1**, 159-179.

日本初等理科教育研究会(編) (2005). 確かな学力に高める「説明活動」 初等理科教育, **39**, 17-36.

西林克彦 (1994). 間違いだらけの学習論—なぜ勉強が身につかないか— 新曜社

西林克彦 (2005). わかったつもり—読解力がつかない本当の原因— 光文社

岡田いずみ (2007). 学習方略の教授と学習意欲—高校生を対象にした英単語学習において— 教育心理学研究, **55**, 287-299.

大久保街亜・岡田謙介 (2012). 効果量—効果の大きさを表現する— 大久保街亜・岡田謙介 伝えるための心理統計—効果量・信頼区間・検定力— (pp.43-115) 勁草書房

O'Reilly, T., Symons, S., & MacLatchy-Gaudet, H. (1998). A comparison of self-explanation and elaborative interrogation. *Contemporary Educational Psychology*, **23**, 434-445.

Palincsar, A. S., & Brown, A. L. (1984). Reciprocal teaching of comprehension-fostering and comprehension-monitoring activities. *Cognition and Instruction*, **1**, 117-175.

Paris, S. G., & Jacobs, J. E. (1984). The benefits of informed instruction for children's reading awareness and comprehension skills. *Child Development*, **55**, 2083-2093.

Pintrich, P. R., Smith, D. A., García, T., & McKeachie, W. J. (1993). Reliability and predictive validity of the Motivated Strategies for Learning Questionnaire (MSLQ). *Educational and Psychological Measurement*, **53**, 801–813.

Pressley, M. (1986). The relevance of the good strategy user model to the teaching of mathematics. *Educational Psychologist*, **21**, 139-161.

Pressley, M., & Afflerbach, P. (1995). *Verbal protocols of reading: The nature of constructively responsive reading*. Hillsdale, N.J.: Lawrence Erlbaum Associates.

Rawson, K. A., Dunlosky, J., & Thiede, K. W. (2000). The rereading effect: Metacomprehension accuracy improves across reading trials. *Memory & Cognition,* **28**, 1004-1010.

Redford, J. S., Thiede, K. W., Wiley, J., & Griffin, T. D. (2012). Concept mapping improves metacomprehension accuracy among 7th graders. *Learning and Instruction*, **22**, 262-270.

Renkl, A. (1997). Learning from worked-out examples: A study on individual differences. *Cognitive Science*, **21**, 1-29.

Renkl, A. (1999). Learning mathematics from worked-out examples: Analyzing and fostering self-explanations. *European Journal of Psychology of Education*, **14**, 477-488.

Renkl, A. (2002). Learning from worked-out examples: Instructional explanations supplement self-explanations. *Learning and Instruction*, **12**, 529-556.

Roscoe, R. D., & Chi, M. T. H. (2007). Understanding tutor learning: Knowledge-building and knowledge-telling in peer tutors' explanations and questions. *Review of Educational Research*, **77**, 534-574.

Roscoe, R. D., & Chi, M. T. H. (2008). Tutor learning: The role of instructional explaining and responding to questions. *Instructional Science*, **36**, 321-350.

Roy, M., & Chi, M. T. H. (2005). The self-explanation principle. In R. E. Mayer (Ed.), *Cambridge handbook of multimedia learning* (pp.271-286) Cambridge, U.K.: Cambridge University Press.

Rozenblit, L., & Keil, F. (2002). The misunderstood limits of folk science: An illusion of explanatory depth. *Cognitive Science*, **26**, 521-562.

坂井建雄 (2001). 血液6000キロの旅―ワンダーランドとしての人体―　講談社

三宮真智子 (1996).　思考におけるメタ認知と注意 市川伸一(編) 認知心理学 4 思考 (pp. 157-180)　東京大学出版会

三宮真智子(編) (2008). メタ認知―学習力を支える高次認知機能―　北大路書房

佐藤 純 (1998). 学習方略の有効性の認知・コストの認知・好みが学習方略の使用に及ぼす影響　教育心理学研究, **46**, 367-376.

Schraw, G. (2009). A conceptual analysis of five measures of metacognitive monitoring. *Metacognition and Learning*, **4**, 33-45.

Schwartz, B. L., & Metcalfe, J. (1994). Methodological problems and pitfalls in the study of human metacognition. In J. Metcalfe, & A. P. Shimamura (Eds.), *Metacognition: Knowing about knowing* (pp. 93-113). Cambridge, MA: MIT Press.

瀬尾美紀子 (2007). 自律的・依存的援助要請における学習観とつまずき明確化方略の役割―多母集団同時分析による中学・高校生の発達差の検討―　教育心理学研究, **55**, 170-183.

瀬尾美紀子 (2013). 学習をふり返る力―「教訓帰納」を促す中学校教育プログラムの開発と実践―　植阪友理・Manalo, E. (編) 心理学から見た効果的な学び方の理解と支援―学習方略プロジェクトH24年度の研究成果―(pp.29-39) <http://repository.dl.itc.u-tokyo.ac.jp/dspace/handle/2261/55443> (2015年 3 月21日アクセス)

Sobel, M. E. (1982). Asymptotic confidence intervals for indirect effects in structural equation models. *Sociological Methodology*, **13**, 290–312.

Stein, B. S., Morris, C. D., & Bransford, J. P. (1978). Constraints on effective elaboration. *Journal of Verbal Learning and Verbal Behavior*, **17**, 707-714.

杉江修治 (2011). 協同学習入門―基本の理解と51の工夫―　ナカニシヤ出版

鈴木 豪 (2013). 小・中学生の学習観とその学年間の差異―学校移行期の変化および学習方略との関連―　教育心理学研究, **61**, 17-31.

高野陽太郎(編)　(1995). 認知心理学 2　記憶　東京大学出版会

武田 忠 (1998). 学ぶ力を奪う教育―考えない学生がなぜ生まれるのか―　新曜社

田中優子・楠見 孝 (2007). 批判的思考プロセスにおけるメタ認知の役割　心理学評論, **50**, 256-269.

辰野千寿 (1997). 学習方略の心理学―賢い学習者の育て方―　図書文化

Thiede, K. W., & Anderson, M. C. M. (2003). Summarizing can improve metacomprehension accuracy. *Contemporary Educational Psychology*, **28**, 129-160.

Thiede, K. W., Anderson, M. C. M., & Therriault, D. (2003). Accuracy of metacognitive monitoring affects learning of texts. *Journal of Educational Psychology*, **95**, 66-73.

Thiede, K. W., Dunlosky, J., Griffin, T. D., & Wiley, J. (2005). Understanding the delayed-keyword effect on metacomprehension accuracy. *Journal of Experimental Psychology: Learning, Memory, and Cognition*, **31**, 1267-1280.

Thiede, K. W., Griffin, T. D., Wiley, J., & Anderson, M. C. M. (2010). Poor metacomprehension accuracy as a result of inappropriate cue use. *Discourse Processes*, **47**, 331-362.

Thiede, K. W., Griffin, T. D., Wiley, J., & Redford, J. S. (2009). Metacognitive monitoring during and after reading. In D. J. Hacker, J. Dunlosky, & A. C. Graesser (Eds.), *Handbook of metacognition in education* (pp. 85-106). New York: Routledge.

Thiede, K. W., Redford, J. S., Wiley, J., & Griffin, T. D. (2012). Elementary school experience with comprehension testing may influence metacomprehension accuracy among seventh and eighth graders. *Journal of Educational Psychology*, **104**, 554-564.

植田一博・岡田 猛（編）(2000). 協同の知を探る―創造的コラボレーションの認知科学―　共立出版

植木理恵・市川伸一 (2005). 大学を地域の学習リソースに―研究者が企画・実施する実践型のアプローチ―　鹿毛雅治（編）教育心理学の新しいかたち (pp.61-87)　誠信書房

植阪友理 (2010). メタ認知・学習観・学習方略　市川伸一（編）現代の認知心理学５　発達と学習 (pp.172-200).　北大路書房

植阪友理 (2014). 数学的問題解決における図表活用の支援―理論と実践を結ぶ「REALアプローチ」の展開―　風間書房

植阪友理 (2014). 一斉授業と家庭学習を通じたメタ認知の育成―倉敷市立柏島小学校のノート分析をふまえて―　植阪友理・Manalo, E.（編）学習方略研究における理論と実践の新たな展開―学習方略プロジェクトH25年度の研究成果― (pp.63-74)

植阪友理・Manalo, E.（編）(2013). 心理学からみた効果的な学び方の理解と支援―学習方略プロジェクトH24年度の研究成果―　補足資料 <http://repository.dl.itc.u-tokyo.ac.jp/dspace/bitstream/2261/55443/2/wp002-1.pdf> (2015年３月21日アクセス)

Uesaka, Y., Manalo, E., & Ichikawa, S. I. (2007). What kinds of perceptions and daily learning behaviors promote students' use of diagrams in mathematics problem solving? *Learning and Instruction*, **17**, 322-335.

Uesaka, Y., Manalo, E., & Ichikawa, S. (2010). The effects of perception of efficacy and diagram construction skills on students' spontaneous use of diagrams when solving math word problems. In A. K. Goel, M. Jamnik, & N. H. Narayanan (Eds.), *Lecture Notes in Computer Science* (pp. 197-211). Berlin, Heidelberg: Springer-Verlag.

植阪友理・鈴木雅之・清河幸子・瀬尾美紀子・市川伸一 (2014). 構成要素型テストCOMPASSに見る数学的基礎学力の実態―「基礎基本は良好，活用に課題」は本当か―　日本教育工学会論文誌, **37**, 397-417.

植阪友理・床 勝信 (2012). 自律した学習者を育てるために生徒の学習観を変える View 21（中学版）2012年度 Vol.3 (pp. 6-13) ベネッセ教育総合研究所 <http://berd.benesse.jp/magazine/chu/booklet/?id=3689> (2015年３月20日アクセス)

van Blankenstein, F. M., Dolmans, D. H. J. M., van der Vleuten, C. P. M., & Schmidt, H. G. (2011). Which cognitive processes support learning during small-group discussion? The role of providing explanations and listening to others. *Instructional Science*, **39**, 189-204.

Van Meter, P., & Garner, J. (2005). The promise and practice of learner-generated drawing: Literature review and synthesis. *Educational Psychology Review*, **17**, 285-325.

Veenman, M. V. J., Van Hout-Wolters, B. H. A. M., & Afflerbach, P. (2006). Metacognition and learning: Conceptual and methodological considerations. *Metacognition and Learning*, **1**, 3-14.

von der Linden, N., Schneider, W., & Roebers, C. M. (2011). The effects of summary production and encoding condition on children's metacognitive monitoring. *Metacognition and Learning*, **6**, 3-23.

Weinstein, C. E., & Mayer, R. E. (1986). The teaching to learning strategies. In M. C. Wittrock (Ed.), *Handbook of research on teaching* (pp. 315-327). New York: Macmillan.

Wertheimer, M. (1945). *Productive thinking*. New York : Harper & Brothers. (ウェルトハイマー, M.／矢田部達郎(訳) (1952). 生産的思考　岩波書店)

Winne, P. H., & Nesbit, J. C. (2009). Supporting self-regulated learning with cognitive tools. In D. J. Hacker, J. Dunlosky, & A. C. Graesser (Eds.), *Handbook of metacognition in education* (pp. 259-277). New York: Routledge.

Wittrock, M. C. (1990). Generative processes of comprehension. *Educational Psychologist*, **24**, 345-376.

Wright, D. B. (2006). Comparing groups in a before-after design: When t tests and ANCOVA produce different results. *British Journal of Educational Psychology*, **76**, 663-675.

山口 剛 (2012). 高校生の英単語学習方略使用と認知的・動機づけ要因の関係—有効性の認知の効果に注目したテストの予想得点における個人差の検討—　教育心理学研究, **60**, 380-391.

安富和男 (1998). すごい虫のゆかいな戦略　講談社

吉田寿夫・村山 航 (2013). なぜ学習者は専門家が学習に有効だと考えている方略を必ずしも使用しないのか—各学習者内での方略間変動に着目した検討—　教育心理学研究, **61**, 32-43.

吉田 靖・服部雅史 (2002). 創造的問題解決におけるメタ認知的処理の影響　認知科学, **9**, 89-102.

Zhao, Q., & Linderholm, T. (2008). Adult metacomprehension: Judgment processes and accuracy constraints. *Educational Psychology Review*, **20**, 191-206.

Zimmerman, B. J., & Schunk, D. H. (Eds.) (2011). *Handbook of self-regulation of learning and performance*. New York: Routledge. (ジマーマン, B. J., シャンク, D. H. (編)／塚野州一・伊藤崇達 (監訳) (2014). 自己調整学習ハンドブック　北大路書房)

資　料

1．研究１のポイントを解説する文章（SBFプロンプト群）

「科学テキストを読むポイント」

1．２つのポイント

科学テキストを読む際，次の２つのポイントに気を付ける必要があります。

① 構成要素やその特徴の「機能」を考える
② 構成要素の「仕組み（特徴）を考える

※ 構成要素とは，物や現象を形づくる部分（パーツ）のことです。例えば，「そうじ機」は，「送風機」（本体の中にある機械です），「ゴミを取る袋（ゴミ袋）」，「吸引口」，「ホース」など，いくつかの構成要素から成りたっています。

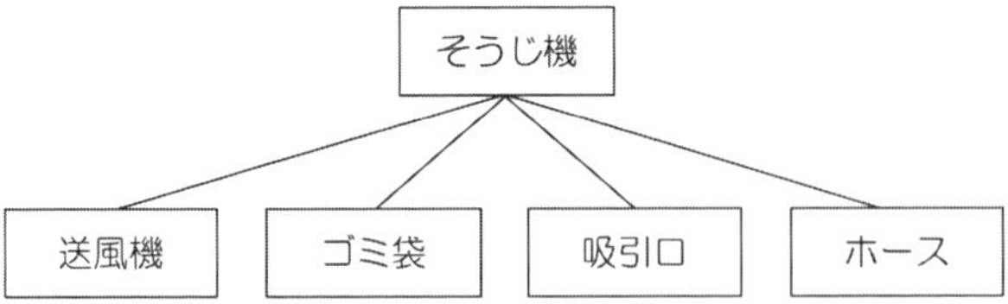

以下では，そうじ機の構成要素を例にして，ポイントを解説していきます。

2．１つ目のポイント

それぞれの構成要素やその特徴は，何らかの「機能」や「役割」を持っています。

「機能」や「役割」を考えるためには，「何のために」という質問を作ることが有効です。実際にやってみましょう。

送風機は「何のために」あるのでしょう？ それは，「ゴミを引き寄せる」ためです。
また，ゴミ袋には，目に見えないくらいの小さな穴がたくさんあります。この特徴は，「何のために」あるのでしょう？それは，「空気を逃がしてゴミだけを集める」ためです。

このように，構成要素やその特徴の「機能」を考えるためには，「何のために」という問いを頭においておくことが必要です。

3. 2つ目のポイント
それぞれの構成要素は,「機能」だけでなく,「仕組み（特徴）」も持っています。
「仕組み（特徴）」を考えるためには,「どのように」という質問を作ることが有効です。実際にやってみましょう。

送風機の機能は「どのように」可能になっているのでしょう？送風機がゴミを引き寄せられるのは,「外に空気を送ることで，そうじ機の中の気圧を下げている」からです。
※ 空気は，気圧が高いところ（そうじ機の外）から低いところ（そうじ機の中）に引き寄せられます。

また，ゴミ袋は「どのように」ゴミを集めているのでしょう？ これは，既に述べたように,「目に見えないくらいの小さな穴をたくさん持つ」という仕組み（特徴）によって可能になっています。

このように，構成要素の「仕組み（特徴）」を考えるためには,「どのように」という問いを頭においておくことが必要です。

4. まとめ
今までの話をまとめて図にすると，以下のようになります。

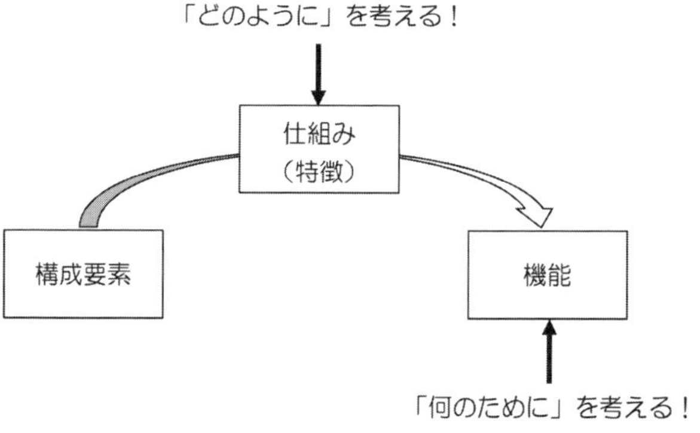

今日の実験でテキストを読む際にも，これらのポイントに気をつけてください。

2．研究１の本試行用文章

見出し1　循環系の構造とその働き

・循環系は，体の細胞に酸素を，肺に二酸化炭素を運ぶ作業を行なっており，これにより人の生命が営まれる。

・血液は，全身の血管の中を通って酸素と二酸化炭素を運んでいる。

・心臓は，拡張と収縮を繰り返して，その血液を体や肺に押し出している。

・さらに，心臓の隔壁は，心臓を縦に二つの部分へと分けている。

・縦に分けられた心臓の右側は，肺へ血液を送り，左側は，体の他の部分へ血液を送っている（右側とは，自分から見て右を指す）。

・右側も左側もそれぞれ，心房という上の部屋と，心室という下の部屋に分かれており,どちらの側でも血液は,心房から心室へと一方向に流れ,逆流することはない。

・心房と心室，さらに心室と血管（動脈）の間を弁が仕切っており，弁は血液の流れに合わせて開いたり，閉じたりする。

・血管には動脈，静脈，毛細血管という３つの種類がある。

・動脈と静脈の壁を比べると，動脈の壁の方がより厚く，弾力性に富んでいる。

見出し2　血液の流れ

・二酸化炭素をたくさんもった血液は，右心房から右心室へ送られ，さらに，右心室が収縮すると，血液は弁を通って肺動脈へ送られる。

・この肺動脈は次第に分かれていき，血管の中で最も壁が薄い毛細血管となって，肺の中に広がる肺胞に伸びていく。

・肺胞とその周りに伸びる毛細血管の間で，毛細血管を通る血液から二酸化炭素が離れ，代わりに酸素が入って，効率的な交換がなされる。

・肺胞の１つひとつは袋状になっていて，肺の中でブドウの房のように数多く連なっている。

・また肺は，小さい体積で大量の血液を処理しなくてはならないため，肺胞と毛細血管が重なる広い面積を必要とする。

・肺を通った血液は，次に毛細血管が結合した肺静脈を通って，心臓の左心房へと戻ってくる。

・左心房が収縮して，左心室に送られた血液は，次には，左心室の収縮運動によって，弁を通って大動脈へと押し出される。

・このときの左心室の収縮は，右心室のそれに比べてとても強い。
・ところで，腕の脈をとって調べる血圧とは，心臓の働きによって押し出された血液が，動脈にかける圧力を測定しており，血圧を測ると，80・120のような2つの数値が出力される。
・さて，左心室から出た大動脈は，次第に分かれて毛細血管となり，毛細血管を流れる血液から細胞に酸素が離れ，代わりに二酸化炭素が入っていく。
・二酸化炭素が入った血液は，毛細血管が合流した静脈を通って，右心房に戻ってくる。
・このとき，静脈を通る血液の圧力は，動脈を通るときよりも低くなっている。
・静脈は，ふくらはぎなど，全身の筋肉の間を通過しており，これらの筋肉が血液を押し出す働きをしている
・さらに，肺から左心房へ戻る肺静脈には弁がついていないが，体から右心房へ戻る静脈の途中には弁がついている。

3．研究１の事前（記憶）テスト（[　] は模範解答，以下同様）

・酸素と二酸化炭素の交換は，体のどこで行われるでしょう？すべての場所を挙げてください。[肺胞・体の細胞，あるいは毛細血管]（肺胞，体の細胞のどちらかしか記されていない場合は0.5点）
・心臓は，上の部屋と下の部屋に分かれていますが，上と下の部屋はそれぞれ何と呼ばれていますか？ [上：心房，下：心室]（心房と心室が逆になっている場合は0.5点）
・人の生命を維持する上で，なぜ血液が必要なのでしょうか？ [血液は，酸素と二酸化炭素を運搬するため]（酸素，二酸化炭素のどちらかしか記されていない場合は0.5点）
・体から心臓に戻る血液は，心臓のどの部屋に送られますか？ [右心房]
・心臓の右側の下の部屋は，血液をどこに送っているでしょう？ [肺（動脈）]
・血管の主要な種類を３つ挙げてください。[動脈，静脈，毛細血管]（動脈・静脈，あるいは毛細血管しか書かれていない場合は0.5点）
・心臓の左側の下の部屋から出る血管は何と呼ばれますか？ [（大）動脈]
・心臓の中には弁がありますが，具体的に心臓のどこに弁は存在するでしょう？[心房と心室の間，および心室と血管（動脈）の間]（片方しか書かれていない場合は0.5点）

4．研究１の理解テスト

単一要素テスト

・酸素と二酸化炭素の効率的な交換を可能にする，毛細血管の特徴は何ですか？［壁が薄いこと］
・なぜ心臓の弁は，血液の流れに合わせて開いたり，閉じたりするのでしょう？［血液の逆流を防ぐため］
・小さい体積で大量の血液を処理するため，肺にはどのような仕組みが備えられていますか？［肺胞により血液を処理できる面積を増やしている］
・心臓の隔壁に穴が開いてしまったら，どのような問題が生じるでしょうか？ 問題が生じる理由も合わせて説明してください。［酸素を含む血液と二酸化炭素を含む血液が混ざってしまい，循環がうまく行かない］
・長い時間ずっと同じ姿勢でいると，静脈を通る血液の循環にどのような問題が生じるでしょう？ 問題が生じる理由と合わせて述べてください。［筋肉が動かず，静脈血がうまく運搬されない］（理由が書かれていない場合0.5点）
・静脈の壁に比べ，動脈の壁の方がより厚くなっているのはなぜでしょうか？［動脈を通る血液により圧力がかかっているため］

複数要素テスト

・なぜ肺静脈には弁がないのでしょうか？［肺は，心臓から距離が近いため，逆流する恐れがない］
・動脈，静脈，毛細血管という血管の中で，心臓の収縮によって血管にかかる圧力が最も低いのはどの血管ですか？ また，それはなぜですか？［静脈。心臓から最も離れているため］（理由が書かれていない場合0.5点）
・左心室に比べて，右心室の収縮が弱いのはなぜですか？［肺は心臓から近いため，収縮が弱くても血液が届く］
・腕の脈をとって血圧を測ると，80・120のような２つの数値が出力されます。これらの数値の違いはどのように生み出されているのでしょう？［高い値は左心室が収縮した際の血圧，低い値は拡張した際の血圧］
・体から心臓に戻る静脈には弁が付いています。他の血管と違い，なぜこの静脈にだけ弁がついているのでしょう？［圧力が低く，逆流する恐れがあるため］
・布団に横たわって寝ている間，静脈血の循環が正しく行われる理由とはどのようなものでしょう？ ２つの理由を挙げてください。［横になるため重力に逆らわなくてもよい。また，寝返りにより筋肉を使用する］（各0.5点）

5．研究２の授業用ポイント解説冊子（実験群）

「科学テキストを読むポイント」

1. 例文を読んでみよう

魚を飼《か》うためには，いろいろなものが必要です。たとえば，ろ過装置《そうち》はきたない水そうの水を吸いあげ，装置《そうち》の中に水を通した後，再びその水を水そうにもどしています。ろ過装置《そうち》のほかにも，コケをとりのぞくために，貝を水そうに入れることが必要になることもあります。

2. 科学テキストを読むポイント

①　要素《ようそ》の〔　機能　〕を考える

②　要素の〔　しくみ　〕を考える

※　「要素」とは，生き物やモノを作る部分のことです。「車」であれば，「エンジン」「本体」「タイヤ」などが要素にあたります。

3. ポイントを使ってみよう！―要素の機能を考える―

➢　機能を考えるための有効な方法

①　〔　**何のため**　〕質問を考える
「その要素があるのは**何のため？**」「その要素が○○するのは**何のため？**」

②　「何のため」質問の答えを考える
「その要素がある（○○する）のは××のためじゃないかな」

➢　やってみよう！

例①：ろ過装置
何のため質問：「ろ過装置がきたない水を出し入れしているのは**何のため？**」
答え：〔　例）きたない水をきれいにするため　〕

例②：貝
何のため質問：「貝があるのは**何のため？**」
答え：〔　例）コケをとりのぞくため　〕

4. ポイントを使ってみよう！―要素のしくみを考える―

➢ しくみを考えるための有効な方法

①〔 **どのように** 〕質問を考える
「その要素は**どのように**機能を果たすの？」

②「どのように」質問の答えを考える
「その要素の機能はこんなふうに行われるんだ」

➢ やってみよう！

例①：ろ過装置
どのように質問：「ろ過装置は**どのように**水をきれいにしているの？」
答え：〔 例〕ゴミをろ過することによって 〕

例②：貝
どのように質問：「貝は**どのように**コケをとりのぞいているの？」
答え:〔 例〕ゴミを食べることによって 〕

5. まとめ

科学テキストを読むときは…

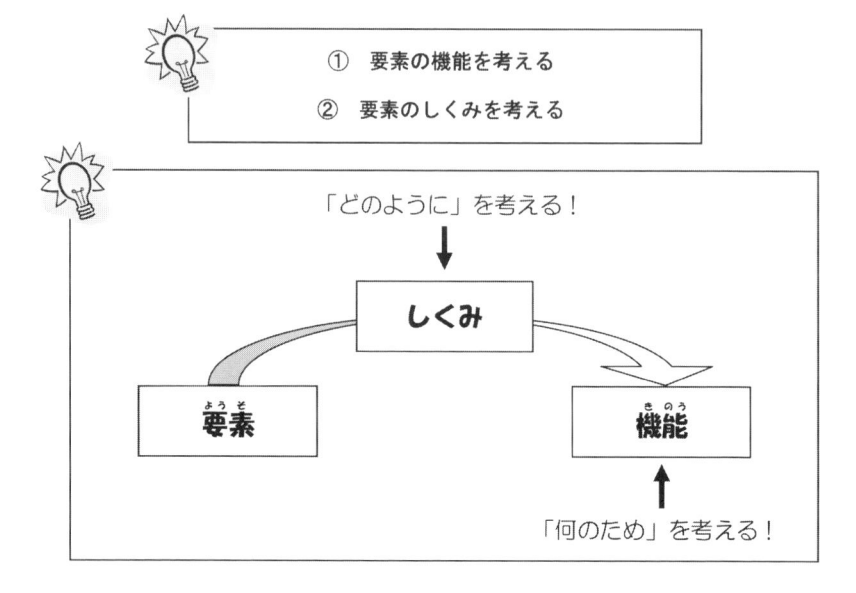

① 要素の機能を考える

② 要素のしくみを考える

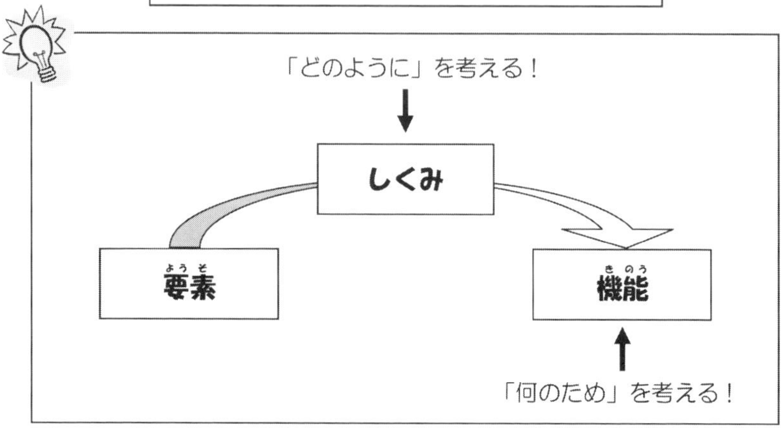

6．研究２の授業用文章（4日目）

「ヒトはどのように食べ物を消化・吸収するのか」①

食べ物が口に入った後どうなるかを知っていますか？ 食べたものは口をすぎた後，「食道」を通って，「胃」というソラマメのような形をした場所に入ります。食道では食べ物を胃へと送っています。逆立ちして物を食べても，食道から物がもどってしまうことはありません。

胃についた食べ物は，胃でこまかい物質に分解されます。そのため胃の細胞は「胃液」を出しています。皮ふにかかるとやけどしてしまうほど，胃液は強い酸性の液体です。胃の細胞はほかにも「胃粘液」という液体を出すしくみを持っています。胃粘液は胃の表面をおおっており，アルカリ性の物質をふくんでいます。

また，胃はのび縮みする運動をくり返しています。これを「ぜん動運動」といいます。ぜん動運動により，消化を早めることができます。この運動を受けると胃の出口が開き，胃の中身は少しずつ次の「小腸」へと送られます。

「ヒトはどのように食べ物を消化・吸収するのか」②

食べ物は食道と胃を通った後，「小腸」に入ります。小腸は，効率よく食べ物の消化と栄養の吸収をおこなう場所です。効率よく消化と吸収をおこなうためには，小腸と食べ物がふれあう広い面積が必要です。小腸の表面には「柔毛」がはえています。さらに，柔毛の表面にも「微柔毛」がはえています。

微柔毛があるのは，食べ物とふれあい，消化と吸収をスムーズに行うためですが，もし微柔毛がからまってしまうと，小腸は栄養をうまく吸収することができません。そんな微柔毛の１本１本は，マイナスの電気をおびた物質におおわれています。

小腸はほそく長い管が６～７メートルもつづいています。そのため，この中を通る食べ物をどのように移動させるかが大きな問題となります。小腸では食べ物が通ると，それを感知した細胞(さいぼう)から「アセチルコリン」や「ペプチド」などがだされます。それを受けると口側の筋肉は縮み，肛門側の筋肉はゆるみます。このように，小腸の中で筋肉が縮んだりゆるんだりする動きを「ぜん動運動」とよびます。

7．研究２のテスト用文章（「植物の組織」）

「細胞」は生き物をつくるいちばん小さな単位です。植物の細胞は１辺およそ20

分の1ミリで，とても小さく思えますが，動物の細胞より1辺約5倍も大きく，そのぶん，植物の細胞は重力をより受けやすくなっています。また，植物の細胞は「細胞壁」をもっています。細胞壁は細胞の周りをおおうかたいからのようなもので，動物の細胞にはありません。

植物は「根」「茎」「葉」という3つの器官をもっています。根は水を吸いあげ，茎はその水の通り道となります。水・光・二酸化炭素を使って葉では「デンプン」などの栄養が作られます。こうした働きを「光合成」といいます。二酸化炭素は葉で集められます。葉の裏側には「気孔」とよばれる小さい穴があり，気孔は開いたり閉じたりしています。

筋肉がないのに，なぜ気孔は開いたり閉じたりできるのでしょう？　気孔は「孔辺細胞」という2つの細胞に囲まれてできており，ふだんは閉じています。孔辺細胞の細胞壁は，穴をつくる側の壁が厚くなっています。まわりの細胞から孔辺細胞に水が入ると，孔辺細胞は水でパンパンになり，水の力で中から外に引っぱられます。こうして気孔は開くことができます。

次に根の話をしましょう。根の先端から少し手前には「分裂細胞」といわれる特殊な細胞があります。名前のとおり，この細胞は分裂をくりかえしながら，その数をどんどん増やしています。こうして根はのびていきます。さらに，分裂細胞よりももっと先，根の先端にある細胞は「根冠」とよばれ，ほかの細胞よりもかたくなっています。

さらに，根にはおもしろい性質があります。植物を水平にたおしておくと，根はもちろんはじめは横にのびていきます。ところがしばらく時間をおいておくと，いつの間にか向きをかえて下向きにのびていくようになります。根は重力のかかる方向へのびていこうとするのです。このような植物の根の性質を「重力屈性」といいます。

根が重力のかかる方向へのびるのにはわけがあります。根の中には「オーキシン」という物質があります。オーキシンは根の成長をおそくする働きをもっています。根を水平においておくと，重力によってオーキシンは根の下側のほうに多くたまります。こうしたまましばらく時間をおくと，ふしぎなことに根は重力の方向にのびていくのです。

8．研究２の記憶テスト（「植物の組織」）

・植物の細胞は1辺およそ何ミリですか？［20分の１ミリ］
・植物の葉では，光・二酸化炭素・水を使って栄養素をつくります。この働きを何とよびますか？［光合成］
・２.によってつくり出される栄養素とは，たとえば何ですか？［デンプン］
・植物の根の先端にある細胞は何といいますか？［根幹］

9．研究２の理解テスト（「植物の組織」）

・植物の細胞は，動物の細胞よりも重力を受けやすいです。これにたえるため，植物の細胞がもつしくみとは何ですか？［細胞壁を持っている］（１点）
・葉の裏にある気孔は，何のために開くのでしょう？［二酸化炭素を取り入れるため］（１点，「光合成をするため」は0.5点）
・気孔が開くために孔辺細胞がもつ特徴は何ですか？ また，気孔が開くためにそれがどう役立つのかを説明してください。［穴を作る側の壁が厚いという特徴。周りの細胞から水が入ってくると，穴を作る側の壁は厚いため引っ張られないが，厚くない側の壁は水の力で引っ張られる。その結果，穴が開く］（特徴と仕組みで各0.5点）
・根の先端にある根冠がほかの細胞よりもかたくなっているのは何のためですか？［地面を進んでいくときに細胞が傷つかないように］（１点，「地面を進むため」は0.5点）
・根は何のために重力屈性の性質をもっているのですか？［しっかりと根を張り，倒れないように］（１点）
・オーキシンが根の下側にたまると，根は重力の方向へとのびていきます。どのようにしてこうしたことが起こるのか，分かりやすく説明してください。［オーキシンは根の成長を遅らせる働きを持つ。根の下側よりも上側の方が成長するスピードが速いため，下に曲がっていく］（各文0.5点）

10．研究３の文章の例（トイレタンク）

ハンドルを動かすと，円板が動き，水がサイフォン管の中に押し上げられます。ひとたび水がサイフォン管の湾曲部を通り過ぎて落ち始めると，空気圧がタンク内の残りの水を押し流すので，タンクの中の水が続いて落ち始めます。水位が下がるとフロートが動き，それにより水が入り始めます。タンクの水が増すにつれ，フロートもあがっていきます。フロートが上昇すると，水の供給は止まります。

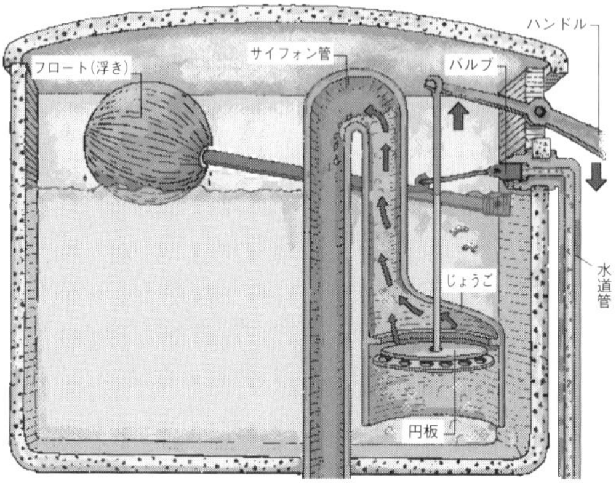

11．研究３ｂのテストの例（トイレタンク）

・水を流すためハンドルを下に動かすと，円板はどう動きますか？ 具体的に記してください。[上に上がる]

・じょうごの中の円板が小さすぎると，どのような問題が起こるでしょう？ 具体的に記してください。[水を押し上げる量が足りず，サイフォン管の湾曲部まで水が達しない]

・フロートが下がると，水が入り始めるのはなぜですか？ [フロートにつながっている棒が水道管につながるバルブをずらすため]

・フロートが水に浮くようになっているのは何のためですか？ [それによりバルブを開閉できるため（もしくは，タンク内の水量に応じて水の量を調節するため)]

人 名 索 引

事 項 索 引

謝　辞

本書のもとになった一連の研究の実施と執筆にあたっては，たくさんの方に多くのご指導とご協力をいただきました。特に，大学院時代の指導教官である市川伸一先生には，大学院への進学以来，数えきれないほどのご指導を賜りました。研究に関わる直接的なご指導はもちろんのこと，様々な機会を通じて研究と実践の有機的に結び付けようとする先生の姿勢から多くを学ぶことができたと感じています。本書の一部の研究（研究１～研究３）は，東京大学大学院に提出した筆者の博士論文「文章表象の形成とオンライン・オフラインモニタリングを促す介入の効果検証」をもとにしたものです。秋田喜代美先生，岡田猛先生および藤江康彦先生，小国喜弘先生には博士論文の指導と審査を通じて大変貴重なアドバイスをいただきました。さらに，市川先生，共同研究者である植阪友理先生，篠ヶ谷圭太先生，田中瑛津子先生，西尾信一先生には研究５を本書に含めることをご快諾いただきました。また，一人ひとりのお名前を挙げることはできませんが，ともに研究を進めている共同研究者や研究会でご一緒させていただいている方々には，日ごろの議論から本書をまとめる上でのアイディアのヒントをたくさんいただきました。末筆となりますが，北大路書房の奥野浩之さんには本書の企画段階からご相談に乗っていただき，様々な形でサポートをいただきました。改めて感謝申し上げます。

深谷　達史

■著者紹介

深谷　達史（ふかや・たつし）

1982年　茨城県に生まれる

2013年　東京大学大学院教育学研究科総合教育科学専攻修了

現　在　広島大学大学院教育学研究科准教授　博士（教育学）

主　著　Explanation generation, not explanation expectancy, improves metacomprehension accuracy. *Metacognition and Learning*, **8**, 1-18. 2013年

『Rによる心理学研究法入門』（分担執筆）北大路書房　2015年

『自ら学び考える子どもを育てる教育の方法と技術』（分担執筆）北大路書房　印刷中

Promoting spontaneous use of learning and reasoning strategies: Theory, research, and practice.（分担執筆）Routledge　印刷中

メタ認知の促進と育成
――概念的理解のメカニズムと支援――

2016年 3 月30日　初版第 1 刷発行
2018年 7 月20日　初版第 2 刷発行
定価はカバーに表示してあります。

著　者　深 谷 達 史
発行所　㈱ 北 大 路 書 房
〒603-8303　京都市北区紫野十二坊町12-8
電　話　(075) 431-0361㈹
FAX　(075) 431-9393
振　替　01050-4-2083

DTP制作／ラインアート日向・華洲屋　印刷・製本／モリモト印刷（株）
検印省略　落丁・乱丁本はお取り替えいたします。
ISBN978-4-7628-2925-3　Printed in Japan